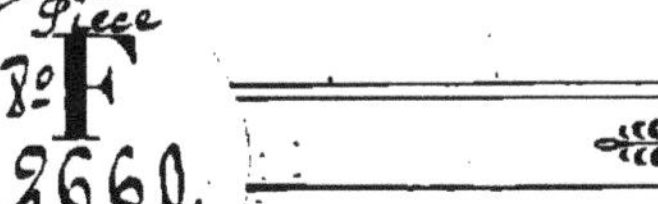

TARIF

DES

DROITS DU SUND,

PUBLIÉ EN 1831,

PAR M. HJORTH.

TRADUIT DE L'ALLEMAND ET PRÉCÉDÉ DE DIVERS DÉTAILS ET INSTRUCTIONS RELATIFS AU PÉAGE DU SUND, ET A LA RELACHE A ELSENEUR,

PAR

M. MARTIAL MURE DE PÉLANNE,

Élève-Consul de France.

(*Extrait des* Archives du Commerce, tom. III.)

PARIS.

IMPRIMERIE DE PIHAN DELAFOREST (Morinval),
RUE DES BONS-ENFANS, N°. 34.

1833.

TARIF

DES DROITS DU SUND,

PUBLIÉ EN 1831,

PAR M. HJORTH.

TRADUIT DE L'ALLEMAND ET PRÉCÉDÉ DE DIVERS DÉTAILS ET INSTRUCTIONS RELATIFS AU PÉAGE DU SUND, ET A LA RELACHE A ELSENEUR,

PAR

M. MARTIAL MURE DE PÉLANNE,

Élève-Consul de France.

(*Extrait des* ARCHIVES DU COMMERCE, tom. III.)

PARIS.

IMPRIMERIE DE PIHAN DELAFOREST (MORINVAL),

RUE DES BONS-ENFANS, N°. 34.

1833.

TARIF

DES DROITS DU SUND,

PUBLIÉ EN 1831,

D'APRÈS DES DOCUMENS OFFICIELS,

PAR M. HJORTH;

Traduit de l'Allemand et précédé de divers détails et instructions relatifs au péage du Sund et à la relâche à Elseneur,

PAR M. MARTIAL MURE DE PÉLANNE,

Élève-Consul de France.

OBSERVATIONS PRÉLIMINAIRES.

Tous les auteurs danois qui ont écrit sur les droits du Sund, en ont fait dériver l'origine d'un empire exclusif, que, dès les temps les plus reculés, les Rois de Danemark se sont attribué sur les eaux de ce détroit, et de la protection que, moyennant une certaine redevance, ils accordaient aux navires marchands des autres nations contre les pirates qui infestaient alors les côtes de la Mer Baltique. Il n'entre pas dans mon plan de suivre ces auteurs dans leurs recherches à ce sujet; il me suffira de dire que les droits du Sund existent, sans contestation sérieuse de la part des autres gouvernemens, que leur quotité a été invariable pendant près de deux siècles, et je pourrai même ajouter que ces droits ont été reconnus par les différentes nations qui ont fait des traités avec le Danemark pour être favorisées au passage du Sund, et que, de nos jours encore, ils ont été confirmés par le congrès de Vienne. De sorte que le Danemark possède à cet égard des titres au moins égaux à ceux sur lesquels reposent toutes propriétés, c'est-à-dire, l'antique possession corroborée par diverses reconnaissances successives de la part de ceux qui étaient les plus intéressés à la contester.

Le traité de Christianople, qui fut conclu entre le Danemark et la Hollande le 13 août 1645, et auquel a été annexé un tarif en langue hollandaise, est le plus ancien monument de ce genre qui existe. Par ce traité, les habitans des provinces unies obtinrent des priviléges au Sund au préjudice de leurs rivaux dans le commerce de la Baltique, les habitans des Villes anséatiques. Bientôt, les principales nations suivirent l'exemple de la Hollande, afin d'obtenir les mêmes privilèges (1) ; et sous le règne de Louis XIV, en 1663, la France conclut, pour quelques années, un premier traité avec le Danemark. Ce traité, interrompu à diverses époques, a été renouvelé pour quinze ans, le 23 août 1742: c'est celui qui subsiste encore aujourd'hui, quoiqu'il ait atteint depuis long-temps le terme de sa durée; mais il a été prorogé indéfiniment par convention tacite des deux puissances, et la nation française n'a jamais cessé d'être considérée par le Danemark comme nation privilégiée. Aussi, un navire français ne peut-il être ni arrêté, ni visité à son passage par le Sund, et l'on doit s'en rapporter, en tout, à la déclaration du capitaine, pourvu que celui-ci présente des papiers et documens en bonne forme, c'est-à-dire, son manifeste de la douane et ses connaissemens.

CHAPITRE Ier.

Importance de la navigation du Sund.

Le détroit du Sund est, certes, un des plus fréquentés de l'univers, puisqu'il entre annuellement par cette voie six à sept mille navires dans la Baltique, ce qui porte le mouvement total de la navigation du détroit à environ douze à treize mille bâtimens, sans comprendre dans ce nombre les navires danois qui font le cabotage d'un port à l'autre du pays et quelques petites embarcations qui, ne recevant pas de passeport à leur passage par le Sund, et ne payant pas, vû leur peu de capacité, la totalité des droits à la charge des navires, ne sont pas compris dans les listes publiées à Elseneur.

Notre marine marchande ne prend qu'une bien faible part à cette navigation, et de tous les ports de la Baltique, il n'y a presque que celui de Pétersbourg qui voie le pavillon français.

Cependant notre navigation dans ces mers qui, au commencement de la paix, se bornait à quelques navires, s'est accrue successivement, et l'on ne sera peut-être pas fâché

---

(1) On trouvera à la fin du tarif, la liste des nations qui sont privilégiées au Sund, c'est-à-dire qui ont un traité relatif aux droits du Sund avec le Danemark, et quels sont les avantages dont jouissent les marchandises chargées sur des navires de ces nations.

de suivre sa marche progressive dans un tableau comparatif de la navigation générale du Sund, par nations, pendant l'espace de 10 ans, de 1822 à 1832. Cet accroissement annuel, interrompu accidentellement par la guerre de la péninsule, dans les premières de ces années, est surtout sensible depuis 1825.

On verra par ce tableau, que le nombre annuel des navires qui, au milieu du dernier siècle, s'élevait tout au plus à 6,000, est à peu près double maintenant, puisque l'on en compte actuellement environ le même nombre à l'entrée dans la Baltique et autant à la sortie.

TABLEAU GÉNÉRAL
DE LA
NAVIGATION DU SUND,

Entrées et Sorties réunies.

PAVILLONS.	DÉSIGNATION DES ANNÉES.									
	1822.	1823.	1824.	1825.	1826	1827.	1828.	1829.	1830	1831.
Français.	58	32	51	72	81	106	130	180	199	72
Danois.	683	623	729	778	760	872	905	889	749	695
Suédois et Norvégiens.	1,962	2,114	2,034	2,326	2,164	2,282	2,374	2,318	2,405	2,704
Anglais.	3,106	3,625	3,539	5,175	3,752	5,092	4,426	4,808	4,319	4,772
Hanovriens.	307	315	357	417	426	459	560	592	597	532
Hollandais.	389	463	390	611	618	807	1,056	1,174	1,208	1,044
Prussiens.	1,095	1,558	2,098	2,398	2,027	2,033	2,240	2,196	2,214	1,808
Oldenbourgeois.	17	43	29	29	16	38	43	42	70	49
Bremois.	32	41	35	37	30	56	59	66	74	22
Lubekois.	45	62	116	120	109	97	117	103	81	77
Hambourgeois.	20	22	26	29	24	37	24	48	27	20
Mecklenbourgeois	298	472	551	598	563	547	676	695	666	530
Russes.	267	287	367	314	334	371	447	362	439	425
Américains.	209	145	166	230	155	191	216	180	157	177
Portugais.	4	2	6	8	9	11	8	»	»	2
Sardes.	»	»	»	»	»	»	2	»	»	»
Espagnols.	»	»	»	»	»	»	»	10	8	4
Toscans.	»	»	»	»	»	»	»	2	»	»
Autrichiens.	»	»	»	»	»	»	»	»	2	»
Napolitains.	»	»	»	»	»	»	»	»	4	12
TOTAL général...	8,486	9,204	10,494	13,142	11,068	12,999	13,253	13,665	13,219	12,943

Ainsi, en 1831, malgré l'existence du choléra dans la plupart des ports de la Baltique, 12,943 navires ont pourtant passé le Sund, et sans la maladie, cette année aurait sans doute été une des plus considérables dont les annales d'Elseneur aient conservé le souvenir. En effet, l'activité de la navigation, au commencement de la saison, était telle qu'au mois de mai, dans un seul jour, plus de cinq cents capitaines ont déposé leurs papiers à la douane d'Elseneur, et sur ce nombre, quatre cent cinquante-sept ont reçu leurs expéditions dans la journée.

La diminution sur les navires français ne doit s'attribuer qu'aux circonstances politiques de l'époque, qui ont dû, nécessairement, influer sur notre commerce extérieur. Celui-ci, d'ailleurs, languissait d'autant plus dans le nord, que les quarantaines, auxquelles la maladie qui y régnait assujettissait les bâtimens, grevait les marchandises de frais onéreux, tandis que celles que l'on avait reçues dans le courant de 1830, étaient, presque toutes, encore invendues. L'année 1832, au contraire, s'est présentée sous des auspices on ne peut plus favorables pour notre navigation dans ces mers; et avec les bienfaits de la paix, le nombre de nos navires ne peut manquer de s'accroître annuellement, car il est loin de suffire au transport des articles de commerce que nous tirons de la Baltique.

Chapitre II.

Manière d'établir et de percevoir les droits du Sund, et utilité d'indiquer la valeur des marchandises taxées à la valeur, ou non spécialement tarifées.

Les négocians trouveront, soit dans le tarif, soit dans les observations préliminaires de M. Hjorth, tous les renseignemens dont ils peuvent avoir besoin, et pour la quotité des droits et pour la manière de calculer certaines quantités de marchandises, etc. Ces droits se perçoivent en *species dalers* papier (monnaie idéale), divisés en 48 *stuvers*. Chacun de ces *spécies* est égal à 2 *rigsbankdaler* papier danois (monnaie courante), qui se subdivisent chacun en 96 *schellings*, et dont le change, ainsi que celui des autres places de commerce, varie suivant les circonstances. Depuis plusieurs années, le change du *rigsbankdaler* s'est toujours maintenu à un taux élevé, et la faveur dont jouit en Danemark ce papier monnaie, qui est presqu'au pair de l'argent, ne fait pas présumer qu'il subisse de long-temps une dépréciation sensible.

Désirant donner à nos négocians une idée de la manière dont la douane d'Elseneur procède pour la taxation des droits à percevoir au Sund, je crois ne pouvoir mieux faire que de mettre sous leurs yeux une copie du manifeste d'un navire venu de France, chargé de diverses marchandises, tel qu'il a été rédigé par cette administration, conformément aux connaissemens et au manifeste de chargement qui lui ont été remis par le capitaine à son arrivée à Elseneur. L'examen détaillé des divers articles de cette pièce me suggérera des observations qui ne seront pas sans intérêt pour le commerce. (*Voy.* ci-dessous, copie d'un manifeste de la douane du Sund (1).)

---

(1) Le *Casimir Delavigne* du Hâvre, le 3 d'août 1829; capitaine Bouvier, venant du Hâvre et destiné pour Saint-Pétersbourg. MM. H[e]. Petit et Compagnie, consignataires.

	Hills et Wishaw.		
H. et W.	12 Balles salsepareille, net 2,322 kil. . .	34	40
	Ordre.		
B. P.	24 Balles salsepareille, 5,070.	76	3
	Camille Cerclet et Comp.		
T. L.	2 Caisses vin de Champagne, 24 b. . . .	»	6
	Ordre.		
D. F.	2 Caisses contenant tabac à priser, br., 48 kil.	»	22
	A. Duval, J. Seguin et Comp.		
D. S.	1 Paquet cont. tabac à priser, 2 livres. . .	»	1
	Pauwels.		
AF. CR.	3 Boites conserves.	»	5
	C. Riva et Comp.		
P. L.	1 Caisse vases, etc.	1	»
	Bonenblust et Comp.		
B. et C.	2 Caisses contenant 120 bouteilles vin. . . .	»	29
	Ordre.		
CC. MD.	1 Caisse sulfate de kinine, 109 kil.	122	4
	Geiger et Consolat.		
P. C.	19 Caisses vin de Champagne, 1000 bouteilles.	5	»
	Cabot et Comp[e].		
S. M.	1 Caisse livres, 322 kil.	6	22
	F. Bellizard.		
P. E. B.	1 Caisse instrumens de physique, net 60 kil. Librairie 65 kil., valeur fr. 600. . . .	1	10
	Ditto.		
D. W.	6 Caisses marchandises, valeur fr. 1200. . .	2	20

Après que ce document a été ainsi détaillé par les employés commis à cet effet, le directeur de service met à chaque article le chiffre des droits à percevoir suivant le tarif. Ainsi, pour les marchandises taxées par quotités, il n'y a aucune difficulté. Nous n'avons donc pas d'observation à faire sur les vins, qui paient tant par barrique ou par 100 bouteilles, ni sur tous les autres articles tarifés d'une manière analogue. Il n'en est pas de même pour les objets taxés à la valeur, car si la douane du Sund n'a pas de données certaines, elle doit fixer le droit arbitrairement ; j'en prendrai pour exemple le 4me. article de ce manifeste : *D. F. Deux caisses contenant tabac à priser br[t]., 48 kil., 22 stuvers.*

Le tabac à priser étant taxé à la valeur, la douane, insuffisamment informée, a dû nécessairement prendre un terme moyen qui aura pu être encore trop élevé, si ce tabac se trouve d'une qualité inférieure. Aussi, ne peut-on trop recommander aux expéditeurs de mettre la douane à même de connaître la valeur des objets ainsi taxés, de même que celle de tous les articles divers, non compris

---

	Le duc DE MORTEMART.		
S. E. D. D. M.	5 Caisses vin de Champagne, 500 bout.	2 24	3 35
M. M. T. M.	1 Balle cont. draps, br. 83 kil. . . .	» 23	
	1 Balle cont. habillemens 14 br. . .	» 12	
	2 Caisses cont. vin et fruits, br. 265 k.	» 24	
	Le Comte DE MANNERHEIM.		
	1 Caisse renfermant insectes.		» 12
	ORDRE.		
W.	20 Balles salsepareille 3,272 k.		49 4
	S. BECKER.		
M. C. W. P.	1 Caisse cont. livres, net. 163 kil.		3 13
	Sp. R[bd].		306 34
	Pour les fanaux. . .		4 20
	Pour Elseneur.		
	H. PETIT et Comp[e].		
	Une chaîne en fer, 2,615 kil.		2 9
	V[e]. HOLM et Comp[e].		
A. C. G.	1 Caisse cont. objets d'art, br. 9 kil. . . .		1 »
	V[e]. HOLM et Comp[e].		
	3 Caisses objets de marbre, etc. .	4 24	5 24
C. A D. C.	2 Barriques vin.	1 »	
	Sp. R[bd]		8 33

La DOUANE DU SUND à Elseneur, le 3 août 1829.

dans le tarif, sur lesquels on perçoit 1 pour cent de la valeur. Ils peuvent le faire, soit en mettant cette valeur sur le connaissement, soit, s'ils y trouvent des inconvéniens, en adressant à leurs correspondans à Elseneur, ou en remettant au capitaine lui-même, une note qui la spécifie. Cette précaution évitera, de la part de la douane, qui ne demande pas mieux que d'être éclairée, des surtaxes, qui ne peuvent être que très préjudiciables au commerce. En effet, comment veut-on autrement que cette administration soit à même de connaître la valeur d'une caisse de mercerie ou quincaillerie, par exemple, dont le prix peut varier à l'infini ?

Ce manifeste fournit une preuve assez sensible du tort que peut éprouver le propriétaire de la marchandise, si on néglige de donner des renseignemens positifs et détaillés. Vous y voyez figurer sous la marque CC. M. D. une caisse sulfate de kinine, pesant 109 kil., que la douane d'Elseneur a taxée à 122 spécies et 4 stuver ou 244 rigsbankdalers et 16 schellings, parce que, d'après le connaissement qui portait 109 kil., elle a cru que c'était le poids du sulfate de kinine, tandis qu'il n'y en avait réellement que 500 onces, ainsi qu'il a été prouvé ensuite par la présentation des factures originales, ce qui a donné lieu à une restitution de près de 200 rigsbankdalers.

Cet exemple est assez concluant pour démontrer quel tort les expéditeurs peuvent se faire à eux-mêmes, ou à leurs correspondans, en négligeant ces précautions ; car, si cette fois, la douane a restitué la somme qui avait été perçue au-delà de ce que devait payer le contenu réel de la caisse, on peut n'être pas toujours certain d'obtenir le même résultat, surtout lorsque la différence n'est pas aussi sensible.

On remarquera, au contraire, des articles dont la valeur est indiquée, et qui, sur cette désignation, ont été taxés sans difficulté par la douane, qui alors s'en rapporte entièrement à la déclaration des négocians.

Chapitre III.

Instructions pour les capitaines qui arrivent, pour la première fois, à Elseneur.

Les bureaux de la douane sont ouverts tous les jours, même les dimanches et les jours de fête, du 1er. avril au 30 septembre, de 4 heures du matin jusqu'à une heure après-midi, et de 3 heures jusqu'à 10 heures du soir ; et du 1er. oc-octobre à la fin de mars, depuis 6 heures jusqu'à 1 heure, et depuis 3 heures jusqu'à 8 heures. De 1 heure à 3 heures, les capitaines peuvent toujours, cependant, y déposer leurs papiers ; seulement, dans ce cas, ils devront payer un droit extraordinaire de 6 francs environ en faveur des pauvres, mais ils auront, par là, l'avantage de prendre de suite leur rang pour être expédiés, ce qui peut être d'une grande importance lorsque le vent est favorable. Ce droit extraordinaire se paie aussi les dimanches et dans les différentes autres circonstances, qui seront détaillées lorsqu'il sera question des droits à la charge du navire.

Tout capitaine, arrivant à Elseneur, est tenu d'arborer son pavillon en passant devant la forteresse de Kronbourg, et s'il négligeait cette formalité, il s'exposerait à recevoir un coup de canon de semonce qu'on lui ferait payer; mais on n'exige plus maintenant qu'il fasse amener ses voiles de perroquet à demi-mât, en signe de salut.

Le meilleur mouillage est un peu au large du bâtiment stationnaire, qui est ordinairement un brick de 18 canons, à deux ou trois encâblures, afin de ne pas le gêner.

Pour éviter toute contestation avec les bateliers du pays, dans le cas où, en mouillant, ou bien par la force du temps, un navire perdrait une ancre, il est expressément recommandé aux capitaines d'attacher à leurs ancres des bouées fixées par de bons orins, et même il serait à désirer que les bouées portassent des marques indélébiles semblables à celles que porte l'ancre. Car, pour favoriser autant que possible la pêche des ancres sur une rade qui, étant aussi fréquentée que celle d'Elseneur, en voit perdre si souvent que le mouillage finirait par y devenir impossible, il est accordé au batelier, qui repêche une ancre avec la bouée, le tiers de la valeur, et la propriété de l'ancre en totalité, s'il n'existe pas de bouée, ou même, si, se trouvant embarrassée avec l'ancre, elle ne surnage pas à fleur d'eau. Il est bien entendu cependant que tant que le navire est sur rade, le capitaine a le droit de repêcher son ancre lui-même, ou de faire un accord spécial pour cet objet.

Les capitaines ne sont nullement tenus de se rendre à bord du stationnaire, mais, dès qu'ils seront mouillés, ils feront bien de descendre de suite à terre pour prendre leur tour d'expédition à la douane du Sund. Ils auront soin d'apporter avec eux tous leurs papiers debord, c'est-à-dire, l'acte de francisation, le congé, le rôle d'équipage, le journal timbré, les connaissemens et le manifeste de la douane du lieu de leur départ; ce dernier document, soit que les bâtimens soient chargés ou sur lest. Les connaissemens sont absolument nécessaires aux employés de la douane du Sund, pour établir les droits sur la cargaison; et le défaut de manifeste soumet le navire à un droit de six francs environ pour l'inspecteur de la rade.

Les capitaines peuvent descendre à terre dans leurs canots, mais, si le temps est mauvais, surtout dans la partie de l'est jusqu'au sud-ouest, par le sud, ce qui établit des courans violens portant au nord, on leur conseille de prendre un bateau du pays. Ces embarcations sont toujours en grand nombre sur la rade, elles mènent les capitaines à terre et les ramènent à bord quand ils sont expédiés, avec leurs provisions d'eau et autres, autant que le bateau peut raisonnablement en contenir. Une taxe établie pour ce service suivant le temps et la saison, et que nous donnerons ci-après (page 15), met les capitaines à l'abri de toute surprise.

S'il n'a été chargé sur le navire qu'un petit nombre de colis destinés pour Elseneur, le capitaine pourra les prendre avec lui, soit dans son canot, soit dans le bateau du pays avec lequel il descendra à terre, et les déposer à la douane d'entrée, au fond du port. On évitera par-là l'envoi exprès d'un bateau à bord, ce qui est très coûteux.

A cette occasion, nous croyons aussi devoir avertir les capitaines que, si la marchandise destinée pour Elseneur, qu'ils ont à leur bord, dépasse le tiers de la portée du navire, ils seront soumis à un droit de rade; et relativement à ce droit, il est bon d'observer que la douane d'entrée d'Elseneur mesure la marchandise d'après le pied anglais, tandis que nos bâtimens sont jaugés d'après notre pied; de sorte qu'un navire jaugé en France 75 tonneaux, par ex., et qui n'aurait qu'un peu plus de 25 tonneaux anglais de marchandises destinées pour Elseneur, ne pourrait se soustraire à ce droit de rade, qui, au reste, n'est pas très considérable, mais que, cependant, on peut avoir intérêt d'éviter.

Si le capitaine descend à terre dans son canot, il devra bien se garder d'aborder autre part que dans le port, car il s'exposerait à une amende d'une centaine de francs environ. Dans ce but, s'il se trouve mouillé un peu au large, sans apercevoir l'entrée du port, il se dirigera vers la grande tour carrée de l'église. En approchant de la terre, il distinguera bientôt le hâvre aux nombreux mâts de bateaux qui y sont mouillés. Ce port est formé par une jetée en pierres, et l'ouverture est à l'est du côté de la forteresse. Au bout de la jetée, stationne un garde de la quarantaine qui, après avoir interrogé le capitaine et avoir fait descendre ses passagers, s'il en a, lui donnera une carte verte avec laquelle il se présentera au bureau de la quarantaine où il fera sa déclaration verbale. Au sortir de ce bureau, il ira de suite à la douane du Sund, où il remettra ses connaissemens et son manifeste de la douane du lieu du départ, et prendra son tour d'expédition. Au sortir de la douane il se rendra au consulat pour déposer ses papiers de bord et y faire sa déclaration.

Il arrive souvent que, lorsque les vents sont à l'est jusqu'au sud-ouest, les courans, portant au nord, sont si violens, qu'il est impossible au meilleur voilier de doubler la pointe de Kronbourg. Alors les navires mouillent dans le canal entre cette forteresse et le cap Kullen ; de ce mouillage, les capitaines peuvent venir à terre, soit avec leur canot, soit avec un bateau du pays, apportant avec eux tous les papiers nécessaires à leur expédition au Sund ; mais ils devront bien se garder de descendre autre part que dans le port, sous peine d'amende, ainsi qu'on l'a dit plus haut. Ils seront expédiés à la douane moyennant le droit extraordinaire de six francs, et retourneront à leur bord pour faire voile au premier vent favorable, sans s'arrêter de nouveau à Elseneur.

Tout capitaine doit avoir un consignataire à Elseneur qui réponde à la douane de tous les droits du Sund, soit sur le navire, soit sur la cargaison. La maison française établie dans cette ville sous la raison de Hippolyte Petit et compagnie, est trop avantageusement connue du commerce et des capitaines français pour qu'il me semble nécessaire de dire ici que nulle autre part leurs intérêts ne peuvent être mieux ménagés.

CHAPITRE IV.

Gratification allouée aux capitaines par la douane d'Elseneur.

Pour engager les capitaines à être exacts dans leurs déclarations, la douane du Sund leur alloue une gratification de 4 pour cent sur les droits qu'elle perçoit sur leur chargement. Cette gratification est déduite, à leur profit, de la somme que paient les marchandises chargées à leur bord. Elle varie par conséquent suivant la richesse de la cargaison, et, si elle peut se réduire à presque rien, pour un chargement de bois, par exemple, elle peut aussi s'élever à une somme très considérable, puisqu'il y a des navires dont la cargaison paie jusqu'à 6,000 rigsbankdalers de droits du Sund, ainsi que le cas se présente chaque année pour les navires qui viennent d'Angleterre avec de fortes parties de coton filé (*twist*) dont il se fait une grande importation en Russie. Cette gratification, quelle qu'en soit la quotité, est entièrement acquise au capitaine : elle est désignée sous le nom de *Boodsmans foring*, bonification pour le capitaine.

CHAPITRE V.

Droits à la charge du navire.

Les droits à la charge du navire se perçoivent, comme ceux sur la marchandise, en *spécies-dalers* papier, et sont les mêmes, soit que le navire vienne de la mer du nord, soit qu'il vienne de la Mer Baltique. Il n'y a, comme on l'a dit, d'exception que pour quelques petites embarcations destinées au cabotage sur ces côtes, et qui ne doivent l'exemption d'une partie des droits qu'à leur faible tonnage ; mais ceci ne peut intéresser en rien le commerce français, puisque ce ne sont que quelques bateaux suédois ou d'autres pays limitrophes, qui peuvent en profiter. Voici donc quels sont les droits sur les navires en général :

Pour un navire sur lest.

	sp.	stuv.
Pour l'entretien des feux.	2	24
Passeport du Sund. . . .	2	»
A l'interprète.	»	12
Au vaisseau de garde. . .	»	6
Aux sous-commis, dits *lopere*, pour la remise des papiers.	»	12

Pour un navire chargé.

	sp.	stuv.
Pour l'entretien des feux.	4	24
Passeport du Sund. . .	2	»
A l'interprète de 1 à 3 connaissements.	»	32
Idem (s'il y a plus de 3 conn.) pour chaque conn.	»	8
Au vaisseau de garde. . .	»	6
Aux sous-commis, dits *lopere*, pour la remise des papiers. . . .	»	12

Il y a, en outre, le droit de l'inspecteur de la rade, qui, pour les navires sous pavillons privilégiés, ne doit être exigible que lorsque le capitaine a négligé de se munir d'un manifeste de la douane du lieu de son départ; soit que le bâtiment soit chargé ou sur lest.

Ce droit est de sp. 1-6 stuv.

Enfin, un droit extraordinaire de 1 sp. en faveur des pauvres, se paie dans les circonstances suivantes :

Lorsque le capitaine désire être expédié le dimanche, ou un jour de fête; le vendredi pendant la prière du matin, c'est-à-dire, jusqu'à une heure; pendant l'heure du repas de onze heures à trois heures; après sept heures du soir pendant la belle saison, qui date du 1er. avril; et après cinq heures pendant la mauvaise saison, qui s'ouvre au 1er. octobre; enfin, lorsque le navire n'est pas sur rade ou que le capitaine ne se présente pas en personne à la douane pour y faire sa déclaration.

Tels sont les droits à la charge des navires; lesquels, s'ils ne sont pas dès droits du Sund, proprement dits, sont néanmoins une suite de la nécessité où l'on est d'acquitter les droits imposés sur la marchandise. Il est encore quelques autres dépenses qui peuvent résulter de l'obligation de la relâche à Elseneur et que je vais indiquer ici, afin de complèter, autant que possible, tout ce que le commerce a intérêt de connaître.

CHAPITRE VI.

Des Bateaux du pays.

Il y a beaucoup de circonstances où un capitaine, soit pour ne pas dégarnir son bord d'une partie de son équipage, soit à cause de la violence des vents et des courans, se trouve dans la nécessité de se servir d'une embarcation du pays pour descendre à terre à Elseneur. Les marins, qui font le service de ces bateaux, forment une corporation de gens actifs et déterminés, qui parcourent la rade par tous les temps pour offrir leurs services aux capitaines qui arrivent et veulent se faire transporter de suite à terre, afin de profiter du vent favorable. Mais pour qu'ils ne puissent pas abuser de leur position, le gouvernement danois a établi une taxe, calculée sur le temps et la saison, qu'ils ne peuvent pas dépasser, quoique rien ne les empêche de se contenter d'un salaire plus modéré; de sorte que le capitaine est toujours libre de traiter avec eux pour un moindre prix.

Il y a annuellement la taxe d'été et la taxe d'hiver. Elle augmente graduellement d'un tiers suivant que le temps est à un ris, à deux ris, ou à trois ris, ce qui s'indique par un même nombre de boules ou ballons hissés au haut d'une perche au milieu de la jetée du port, de manière que le capitaine, avec sa longue-vue, peut connaître de suite combien il doit payer le bateau. L'ordre de hisser ou d'amener ces ballons est donné par le bâtiment stationnaire à qui est dévolue la police de la rade, et qui est plus à même que personne d'apprécier la force du vent. Cette taxe s'établit toujours en argent effectif, qui est la monnaie administrative du Danemark, et dont le change est fixé trimestriellement par le gouvernement, suivant la faveur dont jouit le papier, qui est la monnaie usuelle, et qui, depuis quelques années, ne s'éloigne du pair que d'environ 5 ou 6 pour 100. Du reste, ce rigsbankdaler argent effectif, dont deux égalent un spécies pareillement argent effectif, subit absolument les mêmes divisions que le rigsbankdaler papier, qui n'en est que le signe représentatif.

TAXE D'ÉTÉ. *Du 1er. avril au 30 septembre.*	R. b. dr. arg.	TAXE D'HIVER. *Du 1er. octobre au 30 mars.*	R. b. dr. arg.
Par un beau temps. . .	9	Par un beau temps. . .	12
Avec un ballon. . . .	12	Avec un ballon. . . .	15
Avec deux ballons. . .	15	Avec deux ballons. . .	18
Avec trois ballons. . .	18	Avec trois ballons. . .	21

Avant et après le coucher du soleil, on paie 3 rigsbankdalers argent, en sus.

Ces taxes ont été déterminées pour le capitaine seulement et les gens de son équipage qu'il pourrait juger à propos de mener à terre, ainsi que ses provisions, autant que le bateau peut raisonnablement en contenir. Les passagers, s'il s'en trouvait à bord qui voulussent profiter du bateau que le capitaine aurait frété, devront payer, en sus, chacun deux *rigsbankdalers* argent. Si le capitaine veut aller à son bord dans l'intervalle de ses expéditions, il doit faire un accord spécial avec le batelier ; s'il est venu avec son propre canot, et que ne pouvant retourner à bord il prenne un bateau pour le faire remorquer, il paiera, outre le frêt ordinaire, 1/3 en sus pour chaque paire d'avirons ; si étant descendu à peu de distance d'Elseneur, son navire, soit par la force du vent ou du courant, soit par toute autre cause, dépasse les limites de la rade, c'est-à-dire, le château de Kronbourg, il devra pareillement 1/3 en sus pour se faire transporter jusque-là. Enfin, si le bateau est commandé de terre, l'inspecteur aura droit à 1/12 de plus que le frêt ordinaire.

CHAPITRE VII.

De l'usage des Bateaux du pays pour le débarquement des marchandises à Elseneur.

Bien souvent, un grand nombre de marchandises destinées pour la Baltique sont consignées en transit à des maisons d'Elseneur. Dans ce cas, des bateaux vont les prendre en rade, et c'est aux frais des consignataires que se fait ce débarquement.

La taxe des bateaux pour cet usage est fixée ainsi qu'il suit :

Pour un grand bâteau. . . .	R. b. d^{r}. argent.	14
Pour un petit ou ordinaire. . .	»	6

Mais il est bien difficile de déterminer les frais auxquels pourra donner lieu le débarquement ainsi effectué, parce qu'ils dépendent de la quantité de marchandises destinées pour Elseneur qui se trouveront à bord du même navire, sur l'ensemble desquelles la dépense totale sera répartie ; de sorte que ces frais peuvent être considérables s'il n'y a à descendre à terre qu'une faible partie, et l'être peu au contraire s'il y a assez de marchandises pour remplir un grand bateau.

C'est pour cela que nous avons cru devoir recommander aux capitaines de prendre avec eux, soit dans leur canot, soit dans le bateau du pays, les colis qui seraient particulièrement destinés pour Elseneur, pourvu qu'ils soient en petit nombre et de petit volume, afin d'éviter les frais qui résulteraient de l'envoi d'un bateau exprès à bord pour une partie si minime.

CHAPITRE VIII.

Des Pilotes pour franchir les passes de Copenhague.

Beaucoup de capitaines, soit qu'ils viennent pour la première fois dans la Baltique, soit qu'ayant à bord une riche cargaison, ils veuillent mettre, autant que possible, leur responsabilité personnelle à couvert, prennent des pilotes pour franchir les dangers qui se trouvent devant Copenhague. Les bureaux de ces pilotes, qui sont assermentés et par conséquent responsables de tout événement, sont établis d'un côté, à Elseneur, et de l'autre, au petit village de Dragoë, à l'entrée de la passe en sortant de la mer Baltique. Ils se paient d'après le tirant d'eau du navire (en pieds danois correspondant aux pieds anglais) en rigsbankdalers argent, suivant une taxe fixée par l'autorité pour les deux différentes saisons, de même que la taxe des bateaux du pays.

Voici ces taxes telles qu'elles ont été publiées pour les deux saisons de 1831, avec la réduction immédiate en rigsbankdalers papier; toutesles deux au même change, fixé, ainsi que nous l'avons dit, tous les trois mois par le gouvernement, sur le pied de 206 1/4 rigsbankdalers papier pour 100 spécies ou 200 rigsbankdalers argent, ce qui peut servir à donner une idée du point auquel le papier s'est rapproché du pair à cette époque, et, par conséquent, de quel crédit il a joui.

TAXES DES PILOTES

POUR LES DEUX SAISONS.

Du 1er. *Avril au* 30 *Septembre, au change de* 206 1/4 *p.* 100.

NT D'EAU NAVIRE.	Pour DRAGOE.				COPENHAGUE.				KULLEN.			
	ARGENT.		PAPIER.		ARGENT.		PAPIER.		ARGENT.		PAPIER.	
Pieds.	R. b. dr.	Sch.	R. b. dr.	Sch.	R. b. dr.	Sch.	R. b. dr.	Sch.	R. b. dr.	Sch.	R. b. dr.	Sch.
ous de.... 8	11	78	12	18	9	10	9	38	5	72	5	89
e—— 8 et 9	13	16	13	56	10	6	10	36	6	63	6	83
—— 9 10	14	50	14	94	11	2	11	35	7	53	7	76
—— 10 11	15	84	16	36	11	94	12	34	8	44	8	69
—— 11 12	17	22	17	74	12	91	13	33	9	35	9	63
—— 12 13	18	56	19	16	13	87	14	32	10	25	10	56
—— 13 14	19	90	20	54	14	83	15	31	11	16	11	50
—— 14 15	21	28	21	92	15	78	16	30	12	7	12	43
—— 15 16	22	62	23	34	16	75	17	29	12	93	13	36
—— 16 17	24	65	25	43	18	56	19	16	13	84	14	30
—— 17 18	26	68	27	52	20	37	21	2	15	44	15	90
—— 18 19	28	71	29	61	22	19	22	86	17	3	17	54
—— 19 20	30	74	31	72	24	»	24	72	18	59	19	19
—— 20 21	32	77	33	80	25	77	26	58	20	19	20	80
—— 21 22	34	80	35	89	27	59	28	46	21	74	22	43
—— 22 23	36	83	38	1	29	40	30	32	23	34	24	28

II. *Du* 1er. *Octobre au* 30 *Mars, au change de* 206 1/4 *p.* 100

TIRANT D'EAU DU NAVIRE.	POUR DRAGÖE.				COPENHAGUE.				KULLEN.		
	ARGENT.		PAPIER.		ARGENT.		PAPIER.		ARGENT.		PAPI[ER.]
Pieds.	R.b.dr.	Sch.	R.b.dr.	Sch.	R.b.dr.	Sch.	R.b.dr.	Sch.	R.b.dr.	Sch.	R.b.dr.
Au-dessous de.... 8	14	92	15	40	11	35	11	70	7	53	7
Entre—— 8 et 9	16	75	17	30	12	61	13	2	8	73	9
———— 9 10	18	56	19	16	13	88	14	64	9	92	10
———— 10 11	20	37	21	2	15	19	15	64	11	16	11
———— 11 12	22	19	22	86	16	47	17	»	12	36	12
———— 12 13	24	»	24	72	17	73	18	30	13	55	14
———— 13 14	25	77	26	58	19	4	19	62	14	75	15
———— 14 15	27	59	28	46	20	29	20	90	15	95	16
———— 15 16	29	40	30	32	21	57	22	26	17	17	17
———— 16 17	32	12	33	12	24	»	24	72	18	37	18
———— 17 18	34	80	35	88	26	39	27	22	20	48	21
———— 18 19	37	52	38	68	28	79	29	70	22	57	23
———— 19 20	40	24	41	48	31	21	32	19	24	68	25
———— 20 21	42	92	44	28	33	60	34	65	26	79	27
———— 21 22	45	64	47	9	36	4	37	16	28	88	29
———— 22 23	48	36	49	85	38	43	39	62	31	3	32

Après les premières vingt-quatre heures passées à bord, le pilote qui y restera plus long-temps, recevra de plus soixante-quatre schellings argent ou soixante-six schellings papier pour chaque vingt-quatre heures.

Chapitre IX.

De la quarantaine à Elseneur et de l'obligation imposée aux navires de certaines provenances de se munir d'une patente de santé de l'autorité sanitaire de cette ville (1).

La position d'Elseneur à l'entrée de la Baltique en fait un point de surveillance sanitaire pour tous les états qui bordent cette mer. En effet, le passeport du Sund équivaut à un document de santé, puisqu'aucun capitaine n'est admis à faire ses expéditions dans cette ville que lorsqu'il a satisfait aux conditions imposées pour la conservation de la santé publique. Néanmoins, il ne peut se faire sur la rade qu'une quarantaine d'observation, et les navires

(1) Rien de ce qui est contenu dans le présent chapitre ne s'applique au choléra-morbus, pour lequel on a modifié les mesures sanitaires de manière à gêner le moins possible le commerce.

qui seraient soumis à une quarantaine de rigueur, devront aller la purger à Kansöe, près de Gothembourg. Il ne sera peut-être pas sans intérêt pour le commerce de trouver ici une note des frais qu'entraîne une quarantaine d'observation de quatre jours en rade d'Elseneur.

	R. b. d^{r}. arg.	Sch.
Pour une première visite	5	»
Au garde de santé	5	»
Pour le bateau faisant quatre voyages	13	»
A l'administration (1/12)	1	8
Pour la purification	2	72
Pour le pavillon	3	»
Pour l'admission à la libre pratique	2	»
R.b.d^{r}. arg.	31	80

A quoi il faut ajouter la patente de santé délivrée à Elseneur, qui coûte un rigsbankdaler argent par chaque homme d'équipage et par chaque passager.

Il y a aussi des navires qui, sans être soumis à aucune formalité particulière de quarantaine à Elseneur, n'en sont pas moins obligés de s'y munir d'une patente de santé. Ce sont, d'abord, tous les navires destinés pour les ports du Danemark, de quelque pays qu'ils viennent, et ensuite ceux qui le sont pour la Russie, à moins qu'ils ne viennent des pays du nord de l'Europe, d'Angleterre, des côtes de la mer du Nord, et de celles de France sur l'Océan. Toutes les autres provenances en destination pour cet empire, devront recevoir à Elseneur une patente de santé de la quarantaine danoise, qui sera soumise au visa du consul russe.

Chapitre X.

Des poids, mesures et monnaies en usage pour le péage du Sund, dans leurs rapports avec ceux de la France.

Quoique le travail de M. Hjorth présente à la fin des observations spéciales sur la manière dont les mesures de chaque pays sont calculées pour évaluer les quantités à soumettre aux droits du Sund, je ne crois pas moins devoir ajouter à mon travail un petit résumé des poids et mesures compris dans le tarif et leurs rapports avec ceux de France, tels que l'usage l'a établi à la douane du Sund ;

SAVOIR :

1°. 2 Aunes = une aune ancienne de France ;
2°. 1 Schipund = 160 kilogrammes ;
3°. 1 Livre = 1/2 kilogramme ;
4°. 1 Tonne ou 1 ahme = 150 litres ;
5°. 30 Velts = 1 barrique de Bordeaux, etc.

(*Nota.* On compte la barrique de Bayonne à 40 velts.)

6°. 1 Pipe = 2 barriques à 30 velts ;
7°. 1 Zimmer = 40 pièces.
8°. 1 Schok = 60 pièces.

Pour plus de détails, je ne puis que renvoyer aux notes qui précèdent le tarif ; à la vérité, ce ne sont pas là des rapports mathématiques, mais ce sont ceux que l'usage a établis à la douane du Sund pour l'évaluation des quantités de marchandises soumises aux droits.

Quant aux monnaies, la variation, que le change d'Elseneur est sujet à subir, ne permet guère d'en donner une évaluation. Tout ce que l'on peut dire c'est que, dans les dernières années, il a été presque toujours de fr. 2 90 et même 2 95 pour un rigsbankdaler papier (1). Dépassera-t-il ce taux élevé, ou subira-t-il une dépréciation ? c'est ce que l'on ne peut prévoir.

OBSERVATIONS PARTICULIÈRES

Sur les poids, mesures et quantités employés dans ce tarif, et leur comparaison avec ceux des autres Pays.

REMARQUE GÉNÉRALE.

On calcule toujours à la douane du Sund, pour l'établissement des droits, les marchandises d'après les poids et mesures en usage dans les pays où elles ont été chargées, à l'exception des grains chargés dans certains ports de la

---

(1) Voir pour le rapport du rigsbankdaler papier avec le spécies du tarif, page 6, chap. II.

Baltique sur navires de nations non privilégiées, pour lesquels on a adopté des règles particulières détaillées ci-après, pag. 25.

TARE SUR LES MARCHANDISES DONT LE POIDS BRUT EST SEULEMENT DÉCLARÉ DANS LES PAPIERS.

Lorsque le poids brut des marchandises a seul été spécifié dans les papiers de chargement, la douane fera une déduction de 5 pour o/o pour la tare, si les marchandises sont en sacs ou en balles, et de 10 pour o/o si elles sont en futailles, caisses ou paniers, à l'exception des huiles de chanvre et de lin dont la déduction sera de 15 pour o/o.

POIDS ET MESURES EN GÉNÉRAL (1).

A.

1 Ahme=4 ancres=20 velts=160 pots danois.
1 Ahme de Hollande=4 ancres=8 stekan=20 velts=64 stoopen=128 mingelen=140 kannen.
1 Ahme de Suède=2 eimer=4 ancres=60 kannen=120 stoop=480 quarter.
1 Ahme huile de lin, ou de chanvre de Russie=10 poud net.
1 Almude=2 alquiers=12 canhadas.
26 Almudes de Portugal=1 pipe =2 barriques=12 ancres.
1 Ancre=5 velts=40 pots danois.
1 Ancre de Hollande=2 stekan.
1 Ancre de Suède=15 kannen.
100 Archines toiles de chanvre ou ordinaires=2 pièces.
100 Archines toiles calmines ou linge ouvré=4 pièces.
1 Arrobe de Brésil et de Portugal =32 livres.
1 Arrobe d'Espagne=25 livres.
30 Arrobes d'Espagne=1 botte=1 pipe=2 barriques=12 ancres.
(*Talla*) 2 Arrobes raisins ou figues=100 livres.
(*Talla*) 4 Arrobes raisins ou figues=175 livres.
2 Arrobes sans être précédé par *talla*=50 livres.
4 Arrobes sans être précédé par *talla*=100 livres.
4 1/2 Arrobes sans être précédé par *talla*=112 1/2 livres.
1 Aune de France=2 aunes (2).
50 Aunes canevas, foderwav (sorte de toile d'étoupe), canevas d'Helsingland et toile d'étoupe de Suède et de Russie=1 pièce.
25 Aunes toiles d'étoupe d'autres pays, futaine à taies, toiles de coton, tissus de crin, toiles d'Helsingland, toiles de lin et peluche=1 pièce.

---

(1) Les marchandises étant déclarées d'après les poids et mesures en usage dans chaque pays où elles ont été chargées, j'ai dû souvent conserver les noms des poids et mesures, tels qu'ils existent dans les différentes langues.

(2) L'aune danoise, qui est celle employée dans le Tarif, vaut 2 pieds danois et égale o mètre 627,7.

B.

1 Balle papier=10 rames.
1 Barril=1 ahme=4 ancres.
1 Barrique=1 1/2 ahme=6 ancres.
1 Barrique rhum, etc., d'Amérique=60 gallons.
1 Barrique vin ou eau-de-vie=60 gallons.
1 Barrique eau-de-vie ou vin d'Angleterre=50 gallons impériaux ou nouveaux gallons.
1 Barrique huile ou huile de poisson d'Angleterre=1 quarter=63 gallons.
1 Barrique huile ou huile de poisson=225 litres.
1 Barrique de Suède=1 1/2 ahme =3 eimer=6 ancres.
1 Barrique vin de Bayonne=40 velts.
1 Berkowitz de Russie=10 pouds =400 livres=1 schipound.
1 Botte=1 pipe=2 barriques=12 ancres.
1 Botte d'Espagne=30 arrobes=1 pipe.

C.

12 Canhadas de Portugal=2 alquiers=1 almude.
1 Cantaro d'Alexandrie=110 livres.
1 Cantaro de Naples=100 rotoli=277 7/9 livres.
1 Cantaro *peso grosso* de Sicile=100 rotoli=275 livres.
1 Cantaro *peso sottile* de Sicile=100 rotoli=250 livres.
1 Cantaro de Sicile sans aucune de ces distinctions, (*grosso ou sottile*), =275 livres.
1 Cent (*grand*) douves, bord llon, pipailles, etc.,=12 ring ou tals =48 schok=720 wurff ou kast =2880 pièces.
1 Cent (*grand*) lattes ou planches de Norvège=4 quarters=120 livres (120 pièces).
8 Chaldrons charbon de terre=1 keel=8 lasts.
16 Chaldrons (impériaux) charbon de terre=8 lasts.

D.

1 Dizaine (decher)=10 cuirs, peaux, ou pièces.
4 Dizaines cuirs ou vaches de Russie=1 schipound.
1 Douzaine=12 pièces.
1 Drompt de Greifswalde, Lubeck, Rostok, Stettin, Stralsund et Wismar=12 scheffel.
6 Drompt de Stettin=3 wispel=1 last.
8 Drompt de Greifswalde, Lubeck, Rostok, Stralsund et Wismar=1 last.

E.

1 Eimer de Hollande=2 ancres.
1 Eimer de Suède=2 ancres.
1 Eimer de Prusse=64 maas=64 quarts=2 ancres.
28 Escandeaux huile de Marseille =7 millcroles=1 pipe.

F.

2 Feuillettes de France=1 barrique.
1 Foudre plomb=6 schipound.
1 Foudre plomb=20 quintaux=1 tonneau anglais.

G.

60 Gallons rhum, etc., d'Amérique=1 barrique.
60 Gallons vin et eau-de-vie=1 barrique.
50 Gallons impériaux ou nouveaux gallons, vin ou eau-de-vie d'Angleterre=1 barrique.
63 Gallons huile ou huile de poisson=1 quarter=1 barrique.

H.

2 Hectogrammes=1 kilogramme =2 livres.

K.

15 Kannen de Suède=1 ancre.
35 Kannen de Hollande=1 ancre.
32 Kappor de Suède=1 tonne.
1 Keg bierre de la Baltique=1/8 tonne.
1 Keel charbon de terre=8 chaldrons=16 chaldrons impériaux =8 lasts.
1 Kilogramme=2 livres.

1 Klafter bois de fente ou de refend=150 pièces.

16 Kühlen de Russie=1 last.

L.

1 Last vin ou eau-de-vie de Cette =8 barriques=240 velts=4,800 livres brut.

1 Legger arac, etc., sans mesures de velt, gallons, etc.,=2 barriques.

225 Litres=1 barrique.

1 Livre des Pays-Bas=2 livres.

1 Livre des autres pays=1 livre.

3/4 Livre net chaussettes de coton =1 douzaine.

1 1/2 Livre net bas de coton fins =1 douzaine.

2 Livres net bas de coton communs=1 douzaine.

4 Livres net bas de laine=1 douzaine.

1 2/9 Livre net bas de soie=1 douzaine.

3 Livres net couvertures (ang. blankets)=1 pièce.

7 Livres net camelot
26 Livres net casimir
13 Livres net flanelle
9 Livres net velours fin et demi-velours } =1 pièce.

1 Livre net carde à laine=1 paire.

4 Livres net cotonnade, comme calicots, etc., en balles, seront comptées pour une pièce et 8 de ces pièces paieront 15 stuver de droits.

3 Livres cotonnade, comme toile de Cambrai, etc., en caisses, seront comptées pour une pièce, et quatre de ces pièces paieront 15 stuver de droits.

Toutefois, il faut observer que lorsque les papiers désignent expressément quelle est l'espèce de ces marchandises, soit en balles, soit en caisses (le poids seul étant déclaré, et non le nombre des pièces), celles que le tarif taxe à 15 stuver, les 8 pièces seront calculées à 4 livres pour une pièce, qu'elles soient en balles ou en caisses; et pareillement, celles qui y sont taxées à 15 stuver, les quatre pièces seront calculées à 3 livres pour une pièce.

Si le poids et la valeur, mais non l'espèce de ces marchandises, sont déclarés, le montant des droits s'établira d'après la valeur et non d'après le poids.

48 Loofs grains, graines de chanvre et de lin d'Arensbourg, de Libau, de Pernau et de Windau, =1 last.

45 Loofs grains de Riga et de Revel=1 last.

M.

32 Maas de Prusse=1 ancre.

1 Mille, pipailles=1,200 pièces.

1 Mille role de Sicile=5 1/2 casisi.

7 Mille roles=28 escandeaux=1 pipe.

32 Mingelen de Hollande=1 ancre.

27 Mudden de Hollande=1 last.

O.

1 Oke d'Alexandrie=2 1/2 livres.

P.

1,000 Pieds anglais (1), planches de sapin, des ports de Russie, seront comptés comme 1,076 pieds hollandais ou russes; de sorte que non seulement les planches de 20 11/12 et au-dessus, mais aussi les planches de 19 7/12 pieds anglais et au-dessus, seront comptées comme planches de 21 pieds russes ou hollandais et au-dessus. Les planches de 14 à 19 7/12 pieds anglais exclusivement, comme celles de 15 à 21 pieds russes ou hollandais exclusivement, et les planches au-dessous de 14 pieds anglais comme celles au-dessous de 15 pieds russes ou hollandais.

32 Pignates=1 starro.

---

(1) Le pied anglais=0 mètre 047 94.

1 Pipe=2 barriques=3 ahmes=12 ancres=60 velts.
40 Pots danois=1 ancre.
10 Poud russes=1 berkowitz=400 livres=1 schipound.
10 Poud russes, huile de lin et de chanvre=1 ahme.

Q.

32 Quarts ou mesures de Prusse=1 ancre.
1 Quarter anglais=28 livres.
1 Quarter lattes ou planches de Norvège=30 livres=30 pièces.
1 Quarter de Suède=4 jungfern.
1 Quarter anglais, huile ou huile de poisson d'Angleterre=63 gallons=1 barrique.
14 Quarter colza ou navette de Stralsund=1 last.
14 Quarter fèves, graines de chanvre et de lin de Mémel=1 last.
12 Quarter impériaux, froment de Lubeck=1 last.
14 Quarter impériaux, orge de Lubeck=1 last.
13 Quarter impériaux, froment de Rostock=1 last.
4 *Quarter cask*, vin de Portugal=1 pipe.
1 Quintal anglais=4 quarter=112 livres.
1 Quintal d'Espagne=4 arrobes=100 livres.
1 Quintal de Portugal=4 arrobes =128 livres.
1 Quintal des ports de la Baltique =100 livres.
1 Quintal Liège=1 paquet (bund).

R.

1 Ring bordillon, pipailles, douves, etc.,=4 schok.
1 Rotolo de Naples=2 7/9 livres.
1 Rotolo *pesso grosso* de Sicile=2 3/4 livres.
1 Rotolo *pesso sottile* de Sicile=2 1/2 livres.
1 Rotolo sans aucune de ces distinctions (grosso ou sottili)=2 3/4 livres.
1 Rouleau (rolle) cuirs ou vaches de Russie=6 peaux.

S.

3 Salmas=30 starros=960 pignattes huile de Gallipoli=1 pipe.
60 Scheffel (anciens), grains, graines de lin et de chanvre, graines de Genièvre, de Danzig, Konigsberg, Memel et Pillau,=1 last.
72 Scheffel, grains de Stettin=1 last.
96 Scheffel, grains de Greifswalde, Lubeck, Rostock, Stralsund et Wismar,=1 last.
1 Schipound de Danemarck et de Norvège=20 lispound=320 livres.
1 Schipound de Russie et de Suède =20 lispound=400 livres.
1 Schipound des autres pays=300 livres.
1 Schipound, huile de chanvre ou de lin=1 ahme.
1 Schok=15 wurff ou kast=60 pièces.
30 Starros=960 pignattes=1 pipe.
1 Stein de Hollande=8 livres.
1 Stein des pays de la Baltique=30 livres.
2 Stekan de Hollande=1 ancre.
16 Stoopen de Hollande=1 ancre.
30 Stoop de Suède=1 ancre.

T.

1 Tolast vin du Rhin=4 1/2 ahmes.
1 Tonne=1 ahme=4 ancres.
1 Tonneau anglais=20 quintaux =80 quarters=2,240 livres.
1 Tonneau anglais de plomb=6 schipound=1 fudder.
1 Tonneau anglais, huile et huile de poisson=4 quarters=4 barriques=252 gallons.
1 Tonneau, vin, eau-de-vie ou vinaigre de Bordeaux=905 litres =4 barriques.
128 Tschetwerick=16 tschewert =1 last.

V.

30 Velts=240 pots danois=1 barrique.

W.

18 Weddra (mesure russe)=1 barrique.

3 Wispel de Stettin=6 drompt=72 scheffel=1 last.
120 Wog ou 100 wohlen poisson sec=12 schipound=1 last.
1 Wurff ou kast=4 pièces.

Y.

100 Yards=6 pièces.

Z.

1 Zimmer=4 dizaines=40 cuirs, peaux ou pièces.

MESURE DU SEL EN PARTICULIER.

Si la spécification des quantités de sel est donnée en lasts, ils seront considérés comme lasts de la douane du Sund, quel que soit le port du chargement; mais lorsque les papiers porteront une autre spécification des quantités, les droits seront établis sur ces quantités ainsi qu'il suit :

D'Angleterre.

1 Chaldron=2 tonneaux=40 quintaux=80 boisseaux (bushels)=1 last.

De Hollande.

1 Hondert=400 maaten=7 last.

De France.

40 Minots=40 quintaux=2,000 kilogrammes=1 last.

D'Espagne, de Portugal et d'Italie.

Cadix, Lisbonne, Saint-Lucar, Porto, Setuval : 7 Moyos=2 lasts.

Figuera 2 moyos=1 last.
Aveiro 7 moyos=2 lasts.

Alicante, Cagliari, La Matta, Torreviega, Trapani, Ivica : 2 Modines=4 salmas=1 last.

4 Cahizes ou 48 fanegas d'Espagne=1 last.
1 Moyo=15 fanegas=60 alqueires.
1 Milhero=16 moyos de Setuval=336 rayas à 73 1/2 rayas pour 1 last.

RÈGLES PARTICULIÈRES AUX LASTS DE GRAINS, TELS QUE LE FROMENT, LE SEIGLE, L'ORGE, LE MALTH ET L'AVOINE,

Suivant les différens ports d'où ils sont exportés.

Lorsque des navires de nations privilégiées (voy. ci-après), prennent une cargaison de grains mesurée par lasts, de quelque port qu'ils viennent, ces lasts seront considérés comme égaux aux lasts de la douane du Sund; mais si ce sont des navires de nations non privilégiées qui prennent dans les ports ci-après de tels chargemens, avant d'en fixer les droits on réduira ces lasts en lasts de la douane du Sund, ou plutôt on en augmentera le nombre ainsi qu'il suit :

De Barth. Colberg. Demin. Rugenwalde. Stolpe. Stralsund. Treptow. Wolgast.	3 Lasts=4 lasts de la douane du Sund.
D'Anclam. Greifswalde. Wismar.	4 Lasts=5 lasts du Sund.
Rostock	5 lasts=6 lasts du Sund.
Stettin. Swinemunde. Warnemunde.	6 Lasts=7 lasts du Sund.
Lubeck	7 lasts=8 lasts du Sund.

Monnaie dont on se sert pour les paiemens des droits du Sund, tels qu'ils sont notés dans ce tarif.

Le *speciesdaler* qui est la monnaie employée dans ce tarif, se compose de 48 stuver et se calcule comme égal à 2 *Rigsbankdaler* danois (1).

Des Nations privilégiées, c'est-à-dire, de celles qui ont des traités avec le Danemarck relativement aux droits du Sund, et des avantages dont elles jouissent sur celles qui ne sont pas privilégiées.

Les Pays dont les Pavillons sont privilégiés, sont :

La Hollande.	La Norvège.
La Suède.	La Prusse (excepté Colberg et Camin).
La Grande-Bretagne.	Les Etats-Unis d'Amérique.
La France.	Le Brésil.
La Russie.	Hambourg.
L'Espagne.	

Les avantages dont jouissent les nations privilégiées, sont :

1o. Que les marchandises non désignées au présent tarif, lorsqu'elles sont chargées à bord des navires de pays privilégiés, ne paient qu'un pour cent de la valeur spécifiée sur les documens, ou, si elle n'y est pas spécifiée, de l'estimation fixée par les employés de la douane du Sund ; tandis qu'elles paient 1 1/4 o/o si elles sont chargées à bord des navires non privilégiés.

2o. Que les vins d'Espagne et de Portugal en pipes ne

(1) Le *Rigsbankdaler* (Rbd.)=96 schellings. (Voy. ci-dessus page 6.)

paient, lorsqu'ils sont chargés sur les premiers que 1 1/2 speciesdaler, tandis que sur les autres ils en paient deux.

3°. Que lorsque les cargaisons des navires privilégiés consistent en grains, venant des ports ci-dessus mentionnés (pag. 26), le last n'éprouve pas, pour le paiement des droits du Sund, l'augmentation que supportent les navires non privilégiés.

Observation. Il arrive cependant quelquefois que les marchandises non spécifiées au tarif, sont sujettes à un droit de 1 1/4 % quoique chargées sur des navires de nations privilégiées : c'est lorsque ces navires ne viennent pas de leur propre pays et sont destinés pour des ports de pays non privilégiés, auquel cas aussi la pipe de vin d'Espagne et de Portugal paiera 2 speciesdaler comme si ces vins avaient été chargés sur des navires de nations non privilégiées.

TARIF DU SUND.

ABRÉVIATIONS.

Sp. — Spéciesdaler.
Stuv. — Stuver.
Rbd'. — Rigsbankdaler.
Sch. — Schellings.
Schitt. — Schipound.
Lb. — Livre.

	DROITS. Sp.	Stuv.
A.		
Acier (et fil d'). 1 schitt.	»	12
Acorus. 100 Lb.	»	6
Ail. 2 tonnes.	»	3
Aile (bière anglaise). 2 bar.	»	9
Almagros (garance). 200 Lb.	»	9
Alp ste. 1 last ou 12 ton.	»	36
— au poids, suivant la valeur.		
Alun. 1 schitt.	»	12
Amandes. 100 Lb.	»	9
Ambre jaune travaillé. 5 Lb.	»	6
Ambre jaune (en petits morceaux ou poussière d'). 1 schitt.	»	9
Amidon. 300 Lb.	»	8
Ancres de navires en fer. 1 schitt.	»	4
Anguilles. 1 last ou 12 tonnes.	»	30
Anis. 100 Lb.	»	9

	DROITS. Sp.	Stuv.
Annoto (sorte de roucou d'Espagne). 100 Lb.	»	9
Anspects. 1000 pièces.	»	16
Antimoine. 1 schitt.	»	12
Arac. 1 barrique.	»	36
Arbres (frênes ou bouleaux). 10 pièces.	»	9
Argent monnoyé en lingots, franc.		
— (brocard d'). 1 pièce.	»	18
Argile, franche à l'exception de la terre de pipe qui sera taxée suivant sa valeur).	»	»
Armoisin (étoffe de soie). 2 pièces.	»	9
Arsenic. 1 schitt.	»	12
Assiettes de bois. 10 schok	»	4
Auges ou baquets en bois. 10 schok.	»	18
Avirons. 1 schok.	»	12
Avoine. 1 last ou 24 tonnes.	»	12

	DROITS. Sp.	Stuv.
Avoine (Gruau d'). 1 last ou 12 tonnes.	»	12
—(Farine d'). 1 last, 12 tonnes ou 2,400 Lb.	»	24
B.		
Badianne (anis étoilé). 100 Lb.	»	9
Baies ou graines de Genièvre. 1 last ou 12 tonn.	»	30
— D'après le poids. 200 Lb.	»	9
— De Laurier. 200 Lb.	»	9
Bandanoes, (Foulards, étoffe de soie). 2 pièces	»	9
Barbues sèches. 1 last ou 20,000 pièces.	»	12
Barille. 1 schitt ou 2 ton.	»	6
Barrate de soie. 2 pièces.	»	9
Barres ou entretoises. 2 pièces.	»	3
— D'or et d'argent, franches.	»	»
Bas de coton d'homme et de femme 5 paires.	»	3
— — d'enfans et chaussettes. 10 paires.	»	3
— de laine ou de fin creseau. 10 paires.	»	3
— — d'enfans ou chaussettes. 20 paires.	»	3
— — communs et d'enfans. 2 douzaines.	»	1
— de soie. 2 paires.	»	5
Basane. 10 dizaines	»	18
Batiste. 4 pièces.	»	15
Bâtons de focs suivant la dimension *V.* Mâts.	»	»
Bayette double. 1 pièce.	»	6
— Simple. 1 pièce.	»	3
Bazins—et de Bruges. 4 p.	»	5
— Royaux. 2 pièces.	»	3
Beauprés, suivant la dimension *V.* Mâts.	»	»
Bêches en fer. 1 schitt.	»	6
Benjoin. 100 Lb.	»	9

	DROITS Sp.	Stuv
Beurre. 1 last, 12 tonnes ou 2,400 Lb.	1	12
Bierre anglaise, Browstout. 2 barriques.	»	9
— de Rostock, Wismar ou Stralsund. 1 fust.	»	18
— de Lubeck. 1 last ou 2 tonnes.	»	3
—de Momme, ou double Danzig. 1 fust ou 2 ton.	»	6
— en bouteilles, comme Porter etc., suivant la valeur.	»	»
Billes de chêne. la pièce	»	3
— de sapin. les 2 pièces.	»	3
Billettes ou rondins de chêne et de bouleau. 10 pièces.	»	9
Biscuit de mer de froment. 1 last, 12 tonnes ou 1,200 Lb.	»	18
— de seigle. 1 last 12 tonnes ou 1,200 Lb.	»	12
Bitort. 1 schitt.	»	6
Blanc de baleine. Huile de.— 2 barriques à 63 gallons.	»	9
— Bougie de, suivant la valeur.	»	»
Blanc de plomb, et — en écailles. 1 schitt.	»	6
Blé germé. 1 last ou 20 tonnes.	»	18
Blé noir. 1 last ou 12 ton.	»	12
—Gruau de. 1 last ou 12 tonnes.	»	18
Blocs ou bûches de bouleau. — De frêne. 10 pièces.	»	9
Bœufs. la tête.	»	36
—Peaux de, salées. 1 diz.	»	6
— Brutes ou sèches. 10 dizaines.	»	36
Boie ou bayette double. 1 pièce.	»	6

	DROITS. Sp.	DROITS. Stuv.
Bayette simple. 1 pièce.	»	3
Bois *de toutes sortes : de construction, merrain, bois de teinture etc., dont les différentes espèces se trouvent sous différentes dénominations, ainsi qu'il suit :*		
Bois d'Azymejaune. — Du Brésil ou fustet. — De Stokfisch. 80 Lb.	»	3
Bois Barwood ou campêche rouge. — Du Brésil. — De Cam ou Cham. — De Fernambouck. 100 Lb.	»	3
Bois du Japon. — De Santal. — De Sapan. — Bleu. 100 Lb.	»	3
Bois de Caliatur. — De Campêches. — Fustel de Zante. — De Galicie — Logwood. — De St.-Martin. — De Sang ou de Nicarague. — De Rio de la Hache. 1000 Lb.	»	36
Bois de Gayac. — De réglisse. 100 Lb.	»	9
Bois Préceintes. 1 schok.	1	»
Bois de construction pour bâteaux. — Etraves de bâteaux. 100 pièces.	»	24
Bois de construction — Entretoises. — A madriers. — Demi-planches. — Poutres et planches. 2 pièces.	»	3
Bois Bordillon. — Butten. — Buttner. — D'enfonçure ou fonçailles. — Merrain à futailles. — Merrain pour France — Merain de Hollande. — Pipailles. 1 grand cent ou 48 schok.	1	»
Bois douves. 4 schok.	»	36
Bois de construction navale. — Courbes ou genoux. — De quille. — Tordu ou courbant. 25 pièces.	»	36
Bois ou coins d'arrimage. — De traverse. — De Tronc. 1 schok.	»	24
Bois de fente ou de refend. 1 klasteron 150 pièces.	»	3
Bois feuillard. 1000 pièc.	»	4
Bois rond, suivant la dimension. *V.* Mâts.	»	»
Bois pour pompes. 25 p.	»	36
Bois de chauffage, franc.	»	»
Bois plat pour arrimage, franc.	»	»
Bois (Assiettes de). 10 schok.	»	4
Bois (Auges ou baquets en). — (Pots et écuelles à lait en). 10 schok.	»	18
Bois (Chevilles de navires en). 10,000 pièces.	»	9
Bois (pelles de). 10 schok.	»	9
Bolkram (toile de Cracovie). 4 pièces.	»	3
Bombasin. 4 pièces.	»	5
Bordages. 1 schok.	1	»
Bordillon. *V.* Bois.	»	»
Bouchons de liége suivant la valeur.	»	»
Boulets en fer. 1 schitt.	»	4
Bourre lanice. 2 schitt.	»	9
Bouteilles ordinaires à vin ou à bierre. 1 schok.	»	1
Bouts de cables. 10 schitt.	»	36
Brai. 1 last ou 12 tonnes.	»	18
Brocard d'or et d'argent. 1 pièce.	»	18
Brownstout (bierre anglaise. 2 barriques.	»	9
— En bouteilles, d'a-		

	DROITS. Sp.	Stuv.
près la valeur.		
Buldan (toile grossière). 4 pièces.	»	15
C.		
Câbles. 1 schitt.	»	6
Cacao. 100 Lb.	»	24
Café. 100 Lb.	»	24
Caffa (peluche figurée). 2 pièces.	»	9
Caisses de bois de cyprès. 12 pièces.	»	36
Calamine ou pierre calaminaire. 1 schitt.	»	6
Calamus ou Acorus. 100 Lb.	»	6
Calicots. 8 pièces.	»	15
Calmande (étoffe en laine). 4 pièces.	»	5
Calmine, (toiles). 2 p.	»	3
Calmines, ou coutils de Russie de chanvre. 50 archines.	»	3
Cambrésine (toile de Cambrai). 4 pièces.	»	15
Cameline ou gouttes de lin. 1 last ou 24 tonnes.	»	18
Camelot. 2 pièces.	»	5
Camelot fleuri. 4 pièces.	»	5
Campêche (bois de). 1,000 Lb.	»	36
Canaries (graines des). 1 last ou 12 t.	»	36
— Au poids, d'après la valeur.		
Candi (sucre). 100 Lb.	»	18
Canelle de la Chine ou canelle mate. — Fine ou de Ceylan.-Blanche (canella alba). 100 Lb.	»	36
Canevas double. 4 pièc.	»	15
Canevas simple. 2 pièc.	»	3
Canons en fer. 1 schitt.	»	4
Canons en bronze. 1 schitt.	»	24

	DROITS. Sp.	Stuv.
Cantines. 40 pièces.	»	36
Capres. 1 pipe.	»	18
—En bouteilles, en caisses, d'après la valeur.		
Cardamome. 100 Lb.	»	36
Cardes à laine. 5 douzain.	»	3
Cardes à draps, d'après la valeur.	»	»
Caret, (fil de). 1 schitt.	»	6
Carisel ou creseau. 2 p.	»	9
Carisel ou creseau simple. 4 pièces.	»	9
Carisel ou creseau d'Osnabruck. 4 pièces.	»	5
Carvi. 100 Lb.	»	9
Casimir. 2 pièces.	»	9
Casques. 50 pièces.	»	6
Casse en bois (lignea). 100 Lb.	»	36
Casse fistule (fistula). — En écorce. 100 Lb.	»	36
Cendres : potasse. 1 last, 12 tonnes ou 12 schitt.	1	»
Cendre de bois. 1 last 12 tonnes ou 12 schitt.	»	12
Cendre de paille. 1 schit.	»	4
Cendre soude de Varec. 1 schitt ou 2 tonnes.	»	6
Céruse. 1 schitt.	»	6
Châlons. 4 pièces.	»	5
Chandelles de suif. 1 schitt.	»	6
— de cire ou bougies. 1 schitt.	»	36
Chandelles ou bougies de blanc de baleine d'après la valeur.	»	»
Chanvre. 1 last ou 6 schitt.	1	»
Chanvre (fil de). 1 schitt.	»	36
Chanvre (étoupes de). 10 schitt.	»	36
Chanvre (toile de). 4 p.	»	3
Chapeaux de feutre. 1 futaille.	»	12

	DROITS. Sp.	Stuv.
Charbon de terre et houille, franc.		
— Déjà brûlé ou fraisil, franc.		
— (Goudron de), ou goudron minéral. 12 tonnes.	»	18
Châtaignes. 1 boisseau.	»	1
Chaux, franche.	»	»
Chemises de laine. 10 pièces.	»	3
Cheneaux en bois. 25 pièces.	»	36
Chenevis, ou graine de chanvre. 1 last ou 24 tonnes.	»	18
Chenevis (huile de). 2 ahmes ou 2 schitt.	»	9
Chevaux. la tête.	»	36
Chevilles de navires en bois. 10,000 pièces.	»	9
Chevron filé. — Laine de, ou poil de chameau. 10 Lb.	»	6
Chevrons de 5 à 6 pouces. 1 schok.	»	24
— D'autres dimensions. V. Sparres.		
Cidre. 1 barrique.	»	12
Ciment. 1 last 12 tonnes ou 6 schitt.	»	36
Cinabre fin. 100 Lb.	»	36
Cinabre ordinaire. 100 Lb.	»	24
Cire. — (Bougie de) 1 schitt.	»	36
Citrons ou limons. 1 caisse.	»	2
Citrons ou limons salés ou confits. 1 pipe.	»	18
Citronat vert. 100 Lb.	»	24
Clous de girofle. 100 Lb.	»	36
Clous de fer. 1 schitt.	»	12
Clous ou chevilles en bois pour navires. 10,000 pièces.	»	9

	DROITS. Sp.	Stuv.
Clous ou chevilles en cuivre, laiton ou métal. 1 schitt.	»	24
Cobalt. 100 Lb.	»	3
Cochenille. 100 Lb.	»	36
Codille ou étoupe. 10 schitt.	»	56
Coetches ou prunes longues. 400 Lb.	»	9
Cognac. 1 barrique.	»	36
Coins ou bois d'arrimage. V. Bois.		
Colcothar de Suède. 1 last ou 12 tonnes.	1	»
Colettes, toile d'Osnabruck, communes. 1 pièce ou 100 aunes.	»	3
Colle. — De poisson. 100 Lb.	»	6
Colza. 1 last ou 24 tonnes.	»	36
Colza (huile de). 2 ahmes ou 2 schitt.	»	9
Cordages. 1 schitt.	»	6
— vieux. 10 schitt.	»	36
Cordouan. 1 dizaine	»	6
Coriandre. 200 Lb.	»	9
Coton en laine. 100 Lb.	»	18
— Filé (ang twist).		
— à tricoter. 100 Lb.	»	36
— à coudre. — Filé du Levant rouge. 5 Lb.	»	3
Coton (toiles de) ou indiennes. 8 pièces.	»	15
Couleur rouge de Suède (colcothar). 1 last ou 12 tonnes.	1	»
Couleur rouge de Danzig. 1 schitt.	»	9
Couperose. 1 schitt.	»	6
Courbes, ou genoux. *Voy.* bois.		
Coutil 10 pièces.	»	9
— ordinaire. 4 pièces	»	3
— à lit, ou futaine à		

	DROITS. Sp.	Stuv.
taies, fin. 4 pièces	»	15
Coutil commun. 5 pièces	»	3
— de Russie, de chanvre. 50 archines	»	3
Couvertures de lit fines. 4 pièces.	»	15
Couvertures communes et de cheval. 2 douz.	»	15
Craie (pierres de), franches.		
Craie en poudre, en futaille, d'après la valeur.		
Crayons noirs, d'après la valeur.		
Crèpe, ou gaze. 2 Lb.	»	5
Cubèbe. 100 Lb.	»	12
Cuirs. Echarnures ou rognures. 200 Lb.	»	9
Cuirs basane. 10 diz.	»	18
— chamoisés. — Rothlas. 10 diz.	»	36
Cuirs cordouan. — maroquin. — d'Espagne. — mégissés. — de gros bétail. 1 diz.	»	6
Cuirs de Roussi. 4 diz. ou 1 schitt.	»	36
Cuirs forts pour pompes ou semelles tannées. 100 Lb.	»	9
Pour le surplus *V.* Peaux.		
Cuirasses. 5 pièces.	»	8
Cuivre en plaques ou en planches. — en feuilles minces. — en barres. — en barreaux carrés pour clous ou chevilles. — Clous et boutons à doublage en fil de cuivre ou de laiton. — (Chaudrons, etc., en.) — Ouvré. — jaune ou laiton. 1 schitt.	»	24
Cumin. 100 Lb.	»	9

	DROITS. Sp.	Stuv.
Curcuma, ou terramerita. 100 Lb.	»	12
D.		
Damas de soie. 2 pièces	»	9
— de fil. 2 pièces	»	5
— de laine. 4 pièces	»	5
Dattes. 100 Lb.	»	9
Dents d'éléphans. 100 ℔.	»	9
Doupion. 8 Lb.		15
Douvain. *V.* Bois.		
Dragées, ou plomb à tirer. 100 Lb.	»	4
Draps fins. 2 pièces.	»	9
— communs. 2 pièces.	»	9
— de douz. doubles. 4 pièces.	»	9
Draps simples. 4 pièces	»	9
— (lisières de). 1 douz.	»	1
Drèche. 1 last ou 20 tonnes.	»	18
Duvet. 1 schitt.	»	36
E.		
Eaux-de-vie de France.		
— d'Espagne. 1 bar.	»	24
— du Rhin. 1 bar.	»	36
— d'Armagnac. 1 bar.	»	24
— Arac. — Cognac. 1 barrique.	»	36
— de la Charente. 1 barrique.	»	36
— de grains. 1 last ou 12 tonnes.	1	24
— en boutelles, d'après la valeur.		
Ecuelles à lait en bois. 10 schok.	»	18
Encens ou Oliban. — Ecorce (d'). 100 Lb.	»	9
Enclumes de fer. 1 schittt.	»	6
Espadons. 50 pièces	»	24
Esprit de vin. 1 bar.	»	24
Essieux en fer. 1 schit.	»	6
Esturgeons. 1 last ou 12		

	DROITS. Sp.	Stuv.
tonnes.	1	12
Etain battu et laminé. 1 schitt.	»	24
Etalons. la tête.	»	36
Etamine à pavillons. 4 pièces.	»	5
Etoupes. 10 schitt.	»	36
— à calfat, d'après la valeur.		
Etoupes (fil d'). 1 schitt.	»	9
— (Bouts de fil d'). 10 schitt.	»	36
Etoupes. (Toiles d'). 4 pièces.	»	3
F.		
Farine de froment.—de seigle. — d'orge. — d'avoine. 1 last, 12 tonnes ou 2,400 Lb.	»	24
Fer dit *Osmund*. — de lest. — vieux, ou ferraille. — (grabeau de). — de fonte, fer écru ou fonte crue. 1 schitt.	»	3
Fer en barres.—à boulons. — carillon. — feuillard. — rond ou rondin. — Ancres de navires en. — Canons en. — Boulets en. — Poëles ou fourneaux en. 1 schitt.	»	4
Fer de fonte d'autres espèces que ceux déjà mentionnés. — Plaques de. — Marmites en. — Chaînes en. — Pots en. — Poupetonnières en. — Bêches, ou hoyaux en. — en feuilles ou tôle, et autres taillanderies grossières, telles que enclumes, etc. 1 schitt.	»	6

	DROITS. Sp.	Stuv.
Fer, clous en.— (Fil de). ou fil d'archal. — Poëles à frire en. 1 schitt.	»	12
Fer blanc ou étamé, d'après la valeur.		
Feutres. 4 pièces.	»	5
— Chapeaux de. 1 futaille	»	12
Fèves ou haricots. 1 last ou 12 tonnes.	»	12
Figues. 1 last ou 36 corbeilles.	»	36
— au poids. 400 Lb.	»	9
Fil de Carret.—à voiles goudronné. — bitord. 1 schitt.	»	6
Fil d'étoupe. 1 schitt.	»	9
—de lin.—de chanvre. 1 schitt.	»	36
Fil à voiles. 1 schitt.	»	36
— de coton, (ang twist ou coton twist). — à tricoter. 100 Lb.		36
—Coton retors.—à coudre.—de coton à coudre. — à dentelles ou de mulquinerie. — de coton pour chaîne, ou à broder au tambour. — de chevron. — d'Etame ou de Sayette. — rouge de coton du Levant. — de laine à tricoter. — de laine à broder. 5 Lb.	»	5
Fil de laiton ou de cuivre. 1 schitt.	»	24
— de fer ou d'acier. 1 schitt.	»	12
— rubans de. 5 Lb.	»	3
Filoselle. 2 Lb.	»	5
Flanelle. 4 pièces.	»	5
Fleur de muscade. 100 Lb.	»	36

	DROITS. Sp.	Stuv.
Fleuret ou filoselle.—padou, ou rubans de filoselle. 2 Lb.	»	5
Fonçailles. 1 grand cent ou 48 schok.	1	»
Fonds qui appartiennent aux douves.* 4 schok.	»	6
Fraisil, franc.		
Franges de laine. 8 Lb.	»	15
— de soie. 2 Lb.	»	15
Frison. 1 pièce.	»	6
Fromage. 1 schitt.		4
Froment. 1 last ou 20 tonnes.	1	»
— farine de. 1 last, 12 tonnes, ou 2,400 Lb.	»	24
— pain de. 1 last, 12 tonnes, ou 1,200 Lb.	»	18
Fruits. *V.* les différentes sortes.		
Fusils. 1 caisse, ou 100 fusils.	»	24
— de chasse, d'après la valeur.		
— canons de. 1 diz.	»	6
Fustet, bois jaune du Brésil. 80 Lb.	»	3
Fustet. Bois de. 1,000 Lb.		36
Futaine ou bazin. 4 pièces.	»	5
— à taies, fine. 4 pièces.	»	15
— à taies, commune. 5 pièces.	»	3
G.		
Galette, ou filoselle. 2 pièces.	»	5
Galipot. 100 Lb.	»	9
Galle ou noix de. 200. Lb.	»	9

	DROITS. Sp.	Stuv.
Garance. — non robée. 200 Lb.	»	9
Gaude, ou herbe à jaunir. 1 schitt.	»	9
Gayac. Bois de. 100 Lb.	»	9
Gaze ou crêpe (en soie). 2Lb.	»	5
Genoux, ou courbes. *V.* Bois.		
Gingembre. 100 Lb.	»	12
— confit. 100 Lb.	»	24
Girofle. 100 Lb.	»	36
Goldpelle **. 2 pièces.	»	3
Gomme. — arabique.— de Barbarie.—du Sénégal. 200 Lb.	»	9
Gordinger (poutres de sapin). 2 pièces.	»	3
Goudron. 1 last ou 12 tonnes.	»	18
— minéral. 12 tonnes	»	18
Gournables, ou épites. 10,000 pièces.	»	9
Grains. *V.* aux différentes qualifications.		
— eau-de-vie de. 1 last, ou 12 tonnes.	1	24
Graines des Canaries, ou alpistes. 1 last, ou 12 tonnes.	»	36
— de moutarde, au poids, d'après la valeur.		
— de chanvre ou chenevis. 1 last, ou 24 tonnes.	»	18
— de lin ou linette. 1 last, ou 24 tonnes.	»	36
— de navette et colza. 1 last, ou 24 tonnes.	»	36
—de moutarde. 1 last,		

* Il y a un fond pour dix douves.

** *Goldpelle* est une sorte d'étoffe ancienne qui ne paraît presque plus dans le commerce.

	DROITS. Sp.	Stuv.
ou 24 tonnes.	»	30
Grains au poids, d'après la valeur.		
Graisse. — de cuisine. 1 last, 12 tonnes, ou 6 schitt.	»	36
Gros grain turc. 2 pièces.	»	5
— ordinaire. 4 pièces.		5
Gruau. — d'orge. 1 last, ou 12 tonnes.	»	36
— de millet. 1 last, ou 12 tonnes.		30
— de blé noir ou sarrazin. 1 last, ou 12 tonnes.	»	18
— d'avoine. 1 last, ou 12 tonnes.	»	12
— semoule — manne de Pologne. 100 Lb.	»	6
— d'orge perlé. — de riz. 200 Lb.	»	9
— de graine de paradis ou malaguette. 100 Lb.	»	3
Guedasse. *V.* Cendres.		
Guède. 1 schitt.	»	6
H.		
Hallebardes. 100 pièces.	»	24
Harengs salés. 1 last, 12 tonnes, ou 2,400 Lb.	»	24
— fumés ou saures. 1 last, ou 12 tonnes.	»	12
— empaillés ou en torquettes. 1 last, ou 20 torquettes.	»	3
Haricots. 1 last, ou 12 tonnes.	»	12
Harnais (armures). 100 pièces.	1	»
Houille, franche.		
Houblon. 1 schitt.	»	6
Hoyaux, ou bêches de fer. 1 schitt.	»	6
Huile d'olive, ou mangeable. 1 pipe, ou 900 Lb.	»	90
Huile fine de parfums, de palme, de térébenthine, etc., en bouteilles, d'après la valeur.		
— de poisson. 1 last, ou huit barriques à 63 gallons.	»	36
— de blanc de baleine. 2 barriques à 63 gallons..	»	9
— de pin. — de chenevis. — de lin. — de colza ou de navette. 2 ahmes, ou 2 schitt.	»	9
Hydromel. 1 ahme.	»	5
I.		
Indiennes. 8 pièces.	»	15
Indigo, 100 Lb.	»	36
J		
Jaconet. 4 pièces.	»	15
Jambons. 1 schitt.	»	6
Jumens. La tête.	»	36
K		
Kolters (Poutres de sapin de Norvège de 5 à 6 pouces.) 1 schok.	»	24
— D'autres dimensions. *V.* Sparres.		
Krems (Blanc de). 1 schitt.	»	6
L		
Laines d'Espagne. 100 Lb.	»	18
Laines fines d'agneau ou de brebis. 1 schitt.	»	9
Laines communes ou ordinaires. — Pelade. — du Levant. 1 schitt.	»	5
Laines ou poils de castor. 50 Lb.	1	»
Laines de chevron. 10 Lb.	»	6
— Filée, à broder et à tricoter. 5 Lb.	»	

	DROITS. Sp.	Stuv.
Laines. Chemises de laine. 10 pièces.	»	3
Laines (Étoffes de), ou draperies. 4 pièces.	»	5
Laines (Bouts d'étoffes de). 1 schitt.	»	9
Laines (Draps de), d'après la valeur.		
Laines (Damas de). 4 p.	»	5
Laiton ou cuivre jaune. — Clous de. — en feuilles minces. — Fil ou autre travail de. 1 schitt.	»	24
Lames de sabre ou d'épée. 100 pièces.	»	24
Lances (Fers de).—Hampes de. 100 pièces.	»	6
Langet * (Dentelles dites). 5 Lb.	»	3
Lard. 1 schitt.	»	6
Lattes en chêne. 5 lattes.	»	2
— de hune en sapin au-dessous de 6 brasses. 10 lattes.	»	3
Lattes de 6 à 7 brasses. 5 lattes.	»	2
Lattes à couverture de chaume. 1000 lattes.	»	8
Lentilles. 1 last ou 12 tonnes.	»	30
Lichen ou mousse de Roche. 1 schitt.	»	9
Liége en liasses. 5 liasses.	»	6
— en balles, d'après la valeur.		
Liége (Bouchons de), d'après la valeur.		
Lignum vitœ. 100 Lb.	»	9
Limons. 1 caisse.	»	2
— Confits. 1 pipe.	»	18
Lin seracé ou affiné. 1 schitt.	»	36
Lin brut d'Amsterdam. — de Droujan. — d'Esthonie. — de Heiligen. — de Knoken. — de Livonie. — de Matten. — de Narva. — de Paternoster. — de Pétersbourg. — de Notabene. — de Podolie. — de Pologne. — de Rad-Kitzer. de toutes qual. 1 schitt.	»	12
Lin fin de 1re. et 2e. qualités à 9 et 12 têtes. 1 schitt.	»	12
Lin ordinaire de 2, 3 et 4 cordons. 6 têtes. — De Riga, 2e. qualité. — Rosish, de 3e. qual. 1 schitt.	»	8
Lin de Badstuben. — de Courlande. — Farken. — de Pernau. — d'Oberlande. — de Rapen. — de Risten. — Taillé. — de Prusse. — Notabene. de toutes qualités. 1 schitt.	»	8
Lin (Étoupes de). 10 schitt.	»	36
Lin (Fil de). 1 schitt.	»	36
— (Bouts de fil de). 1 schitt.	»	12
Lin (Toiles de). 2 pièces.	»	3
— (Huile de). 1 ahme ou 2 schitt.	»	9
Lin (Graines de), ou linette. 1 last ou 24 tonnes.	»	36
Lin (Graines de) de rebut. 1 last ou 24 tonnes.	»	18
Linge ouvré. 2 pièces.	»	3
— de Russie. 50 ar-		

* Dont les Hollandais se servent pour border le linge.

	DROITS. Sp.	Stuv.
chines.	»	3
Lingue. *V*. Poissons.		
Linon (Coton). 4 pièces.	»	15
Litharge. 1 schitt.	»	6

M

	DROITS. Sp.	Stuv.
Macis ou fleur de muscade. 100 Lb.	»	36
Madriers 1 schok.	1	»
Makkei* double. 2 pièces.	»	5
Makkei simple. 4 pièces.	»	5
Malaguette. 100 Lb.	»	3
Malt. 1 last ou 20 tonnes.	»	18
Maniguette. 100 Lb.	»	9
Manne. 100 Lb.	»	9
Maquereaux. 1 last ou 12 tonnes.	1	12

Marchandises naufragées, agrès ou autres appartenant au navire et non à la cargaison. Francs.

—Celles qui ne sont pas spécialement désignées au présent tarif, paient d'après la valeur qui est spécifiée sur les papiers présentés à la douane, et si elle n'est pas spécifiée sur ces documens, d'après la valeur fixée par les employés de la douane du Sund. Les droits sont de 1 p. 0/0, si ces marchandises sont chargées sur des navires de nations privilégiées, et 1 1/4 p. 0/0 lorsque les pavillons des navires ne sont pas privilégiés, et aussi lorsque les navires privilégiés ne viennent pas de leur propre pays, et vont dans un port appartenant à une nation non privilégiée. — Exemptes de droits du Sund. Ce sont : le bois de chauffage, le charbon de terre, le charbon déjà brûlé ou fraisil, la chaux, les marchandises naufragées qui appartiennent aux navires et non aux chargemens, les meubles vieux ou usés, les meules à taillandier, les monnaies et lingots d'or et d'argent, les pierres de craie, les pierres de grès gris taillées de Bremen, les pierres de plâtre, la terre glaise (excepté la terre de pipe).

	DROITS. Sp.	Stuv.
Marroquin. 1 dizaine.	»	6
Mâts, bois de mâture.— de 15 palmes et au-dessus, ou de plus de 19 pouces de diamètre. La pièce.	»	24
Mâts de 15 à 7 palmes inclusivement, ou de 19 à 9 pouces de diamètre ; ces deux nombres inclusivement. La pièce.	»	8
Mâts au-dessous de 7 palmes ou de moins de 9 pouces de diamètre. 5 pièces.	»	6
Mèches à canons. 1 schitt.	»	9
Mélasse. 1 pipe ou 1200 Lb.	»	36
Merceries. *V*. Marchandises non désignées.		
Mercure. 25 Lb.	»	18
Merluche. *V*. Poissons.		
Merrain à futailles ou douvain. 4 schok.	»	3
Merrain à panneaux de Courlande. 100 pièces.	»	18
Merrain à panneaux de Prusse. 100 pièces.	1	»
Merrain à panneaux autres. 1 schok.	»	24
Métal de fonte ou de cloche. — Canon de. 1 schitt.	»	24
Meubles vieux ou usés. Francs.		

Meules à moulin, d'après

* Etoffe de laine pour rideaux de lit, qui ne paraît presque plus dans le commerce.

	DROITS Sp.	Stuv.
la valeur. — à taillandier. Franches.		
Miel. 1 tonne ou 400 Lb.	»	5
Mil ou millet. 1 last ou 12 tonnes.	»	30
Mine de plomb noire ou agine. 1 schitt.	»	6
Mine de plomb, crayons, d'après la valeur.		
Minium. 100 Lb.	»	9
Molton ou molleton. 4 pièces.	»	5
Momme de Brunswick. 1 fut ou 2 tonnes.	»	6
Monnaies d'or et d'argent. Franches.		
Moraine ou laine pelade. 1 schitt.	»	5
Morue. *V.* Poissons.		
Mousse de roche. 1 schitt.	»	9
Mousseline. — de Cambrai ou Jaconnet. 4 pièces.	»	15
Mousquets. 1 caisse ou 100 pièces.	»	24
Mousquets de chasse, d'après la valeur.		
Mousquets (Canons de). 1 douzaine.	»	6
Mout ou cidre. 1 barriq.	»	12
Moutarde (ou Graine de). 1 last ou 12 tonnes.	»	30
Moutarde au poids, d'après la valeur.		
Munitions de guerre. *V.* Mousquets, Cuirasses.		
Muscade ou noix muscade. — fleur de. 100 Lb.	»	36
N		
Nitre. 100 Lb.	»	6
Noisettes. 1 last ou 12 tonnes.	»	12
Noix. 1 last ou 18 tonnes ou 36 boisseaux.	»	12
O		
Ocre. 200 Lb.	»	9
Oignons. 2 tonnes.	»	3
— de fleurs, d'après la valeur.		
Oliban (Gomme). 100 Lb.	»	9
Olives. 1 pipe.	»	18
— en bouteilles, en caisses, d'après la valeur.		
Or monnayé ou en lingots. Franc.		
Or (Brocard d'). 1 pièce.	»	18
Oranges amères ou aigres. 1 caisse.	»	2
Organsin. 10 Lb.	»	3
Orge. 1 last ou 20 tonnes.	»	24
— (Farine d'). 1 last, 12 tonnes ou 2400 Lb.	»	24
Orge mondé et grué. 1 last ou 12 tonnes.	»	36
Orge perlé. 200 Lb.	»	9
Orpin ou orpiment. 100 Lb.	»	9
P		
Padou. 2 Lb.	»	5
Pain de froment. 1 last, 12 tonnes ou 1,200 Lb.	»	18
Pain de seigle. 1 last, 12 tonnes ou 1,200 Lb.	»	12
Paune et peluche de soie. 2 pièces.	»	9
Papier. 4 balles.	»	15
— de tapisserie, d'après la valeur.		
Passementeries d'or et d'argent. 1 Lb.	»	5
Passementeries de soie. 2 Lb.	»	5
Pastel. 200 Lb.	»	9
Pavillons (Mâts de) au-dessous de 7 palmes ou au-dessous de 9 pouces de diamètre, 5 pièces.	»	6
— de plus grande dimension. *V.* Mâts.		
Peaux mégissées. 1000 p.	»	36

	DROITS. Sp.	Stuv.
Peaux d'agneaux. 1000 p.	»	18
— de boucs. 10 diz.	»	18
— de chevreaux. 1000 peaux.	»	9
Peaux de castor. 100 p.	1	»
— de chèvre. — de mouton. 1000 peaux.	»	36
Peaux de chats noir ou sauvage. 1000 peaux.	»	36
Peaux d'élans. — de cerfs. — de rennes. 1 diz.	»	9
Peaux glacées. 4 douz.	»	9
— d'hermine. 10 zim.	»	18
— de lapin gris. 1000 p.	»	9
— — noir. 1000 peaux.	»	18
— de loups. — de renards. 100 peaux.	»	36
Peaux de loutres. 100 p.	1	24
— de martres. 1 zim.	»	30
— de putois. 1000 p.	»	36
— de veaux. 5 diz.	»	6
— de vaches de Russie. 4 diz. ou 1 schitt.	»	36
Peaux préparées ou tannées. 100 Lb.	»	9
Peaux salées de chevaux, bœufs, vaches, genisses. 1 dizaine.	»	6
Peaux brutes ou sèches de chevaux, vaches, genisses, bœufs, bœufs sauvages ou de Buénos-Ayres. 10 dizaines.	»	36
Pour le reste. *V.* Cuirs.		
Pelles de bois. 10 schok.	»	9
— de fer. 1 schitt.	»	6
Peluche ou panne de soie. 2 pièces.	»	9

	DROITS. Sp.	Stuv.
Perches de moulin, de 15 à 7 palmes exclusivement, ou de 19 à 9 pouces de diamètre; les deux nombres exclusivement. La pièce.	»	8
Perches pour gaffes. — à genevrier. — de pesse ou de sapin rouge. 1000 pièces.	»	16
Perse. 4 pièces.	»	15
— de coton. 8 pièces.	»	15
Petit gris. 1000 peaux.	»	36
Pierres à aiguiser. Franc.		
— d'œland pour pavés ou carreaux. 100 pierres ou 100 aunes.	»	6
Pierres de Bremen, grés gris taillé. Franc.		
Piment. 100 Lb.	»	9
Pipaille ou douves à pipes. 4 schok.	»	3
Pistaches. 100 Lb.	»	9
Planches de chêne. — de frêne de toute longueur. 1 schok.	1	»
Planches de sapin de 21 pieds et au-dessus, de Russie, etc. 1 schok.	1	»
Planches de sapin de 15 à 21 pieds exclusivement. 1 schok.	»	24
Planches de sapin au-dessous de 15 p.* 1000 p.	»	36
Planches de sapin de 21 pieds et au-dessus, de Prusse**. 1 schok.	1	»
Planches de sapin au-des-		

* Pour de plus amples détails, voyez aux poids et mesures, etc., Lettre P, page 226.

** Relativement aux planches de Prusse, il faut observer que celles de Memel ne paient pas toujours les droits d'après le nombre des planches, mais que souvent les droits éprouvent une réduction ainsi qu'il suit : Une planche de Memel est calculée encore comme mesurant cinq pieds

	DROITS. Sp.	Stuv.
sous de 21 p. 1 schok.	»	36
Plaques de fer. 1 schitt.	»	6
— de cuivre ou laiton. 1 schitt.	»	24
Plaques de fer blanc, d'après la valeur.		
Platilles royales (Toiles). 4 pièces.	»	15
Plâtre cru ou en pierres. Franc.		
Plâtre cuit en futailles, d'après la valeur.		
Plomb. 1 foudre 6 schitt. ou 1 tonneau anglais.	»	24
Plomb à tirer. 100 Lb.	»	4
Plombagine. 1 schitt.	»	6
Plumes à lit. 1 schitt.	»	6
— Duvet de. 1 schitt.	»	36

	DROITS Sp.	Stuv.
Plumes à écrire. — à parure, etc., d'après la valeur.		
Poêles en fer ou fourneaux. 1 schitt.	»	4
Poêles en fer à frire. 1 schitt.	»	12
Poignées d'épées. 100 p.	»	8
Poils de castor. 50 Lb.	1	»
— de chameau et de lapin. 10 Lb.	»	6
Poils de chèvre. 1 schitt.	»	9
Poires. 1 last ou 12 tonnes	»	12
Pois. 1 last ou 12 tonnes.	»	12
Poisson sec, dit Gransey. — Lingue. — Rond. — Fendu. — Stockfisch. — Merluche de		

cubes; ainsi quand le nombre des planches est donné avec leur longueur en pieds et leur épaisseur en pouces, on n'a qu'à multiplier la longueur en pieds par l'épaisseur en pouces, et diviser le produit par 60 pour trouver le nombre de planches soumises aux droits. *Exemple* : 1220 planches de 3 pouces, dont la longueur en pieds est de 20,350 pieds.

Cette longueur en pieds. 20,350
Multipliée par l'épaisseur en pouces. 3

Donnera. . . . . 61,050 qui divisé par 60, donnera en planches de Memel. 1,018 à 13 schok. » 36

Mais si par ce calcul vous obtenez un nombre de planches plus grand que celui déclaré, le droit est fixé d'après la déclaration, et l'on paiera pour. . 1 schok. 1 »

Quant aux planches qui viennent des autres ports de la Prusse, une telle réduction n'a pas lieu, à moins qu'elles ne soient de huit pieds et au-dessous. Exemple :

54 Planches de 2 pouces à 8 pieds de long font. . . . 432
5 *Id.* 2 *Id.* à 7 *Id.* 35
10 *Id.* 2 *Id.* à 6 *Id.* 60

Total de la longueur. . . . 527
Multiplié par l'épaisseur en pouces. 2

Fera. . . . . 1,054 qui divisé par 60 donnera en planches de Prusse. 18 à 1 schok. » 36

Si la déclaration ne spécifie que le nombre de pieds cubes (dans lequel cas l'épaisseur est censée être d'un pied ou 12 pouces), il est évident qu'on obtiendra le nombre des planches en divisant le contenu cubique par 5.

	DROITS. Sp.	Stuv.
Bergen ou Bergfisch. — Platfisch. — Sauvage. — Eperlans. — Morue. 1 last, 12 schitt, 120 voyer. 1000 pièces ou 100 Wohlen.	»	30
— Barbues sèches. 1 last ou 20,000 pièces.	»	12
Poisson salé, morue. 1 last 12 tonnes ou 2,400 Lb.	»	12
Poisson salé, morue salée dans le navire. 4 schitt.	»	5
Poisson salé, anguilles. 1 last ou 12 tonnes.	»	30
Poisson salé, esturgeons. — Maquereaux. 1 last ou 12 tonnes.	1	12
— — Nageoires de flétan. 1 last.	»	36
Poisson salé, saumon. 1 last ou 12 tonnes.	1	12
Poisson salé, saumon fumé, d'après la valeur		
Poisson salé, harengs salés. 1 last, 12 tonnes ou 2,400 Lb.	»	24
Poissons salés, harengs fumés (saurs). 1 last ou 12 tonnes.	»	12
Poisson salé, harengs empaillés ou en torquettes. 1 last ou 20 torquettes.	»	3
Poisson salé. (huile de). 1 last ou 8 barriques à 63 gallons.	»	36
Poivre. 100 Lb.	»	12
Polemites. 2 pièces.	»	5
Pommes. 1 last ou 12 tonnes.	»	6
Porter (bierre anglaise).	»	9
Porter en bouteilles, d'après la valeur.		
Potasse, 1 last, 12 tonnes ou 12 schitt.	1	»
Pots ou écuelles à lait. 10 schok.	»	18
Poudre à poudrer. 300 Lb.	»	8
Poudre à tirer. 100 Lb.	»	6
Poutres de chêne. — De frêne. la pièce.	»	3
Poutres de sapin les 2.	»	3
— — rondes, d'après la dimension. V. Mâts.		
Préceintes. 1 schok.	1	»
Prunes de Brignolles. — De Sainte-Catherine. 100 Lb.	»	9
Prunes de Sainte-Catherine en futs (coëtches). 400 Lb.	»	9
Prusse de Riga (poutres de sapin). les 2.	»	3
Prussing (bierre de Prusse). 1 last ou 2 tonnes.	»	6
R.		
Raster (sorte de planche de sapin de Norvège), de 5 à 6 pouces. 1 schok.	»	24
— d'autres dimensions. V. Sparres.		
Raisins secs en caisse. 100 Lb.	»	9
Raisins petits, en corbeilles. 1 last ou 36 corbeilles.	»	36
Raisins petits, en corbeilles au poids. 400 Lb.	»	9
Raisins de Corinthe. — Noirs de Smyrne. 200 Lb.	»	9
Rames ou avirons. 1 schok.	»	12
Rapatelle. 4 pièces.	»	3

		DROITS. Sp.	Stuv.
Ras.	4 pièes.	»	5
Ratine.	2 pièces.	»	9
Ravendoc.	4 pièces.	»	3
Réglisse en bois. — Jus de.	100. Lb.	»	9
Résine.	1 schitt.	»	6
Revêche fine.	la pièce.	»	6
Rhubarbe. — Rapontic.	10 Lb.	»	36
Ricken *.	1 schock.	»	12
Riz.	200 Lb.	»	9
Rocou.	100 Lb.	»	9
Rubans, avec or et argent, en soie.	1 Lb.	»	5
Rubans de soie ou fleuret.	2 Lb.	»	5
Rubans de fil.	5 Lb.	»	3
Rhum.	1 barrique.	»	24
S.			
Safran.	2 Lb.	»	9
Saindoux.	1 last, 12 tonnes ou 6 schitt.	»	36
Salpêtre.	100 Lb.	»	6
Salsepareille.	100 Lb.	»	36
Santal.	100 Lb.	»	3
Sarrasin ou blé noir.	1 last ou 12 tonnes.	»	12
Sarrasin (gruau de).	1 last ou 12 tonnes.	»	18
Sarette.	1 schitt.	»	9
Satin en soie.	2 pièces	»	9
— en laine.	4 pièces.	»	5
Saumon salé.	1 last ou 12 tonnes.	1	12
Fumé, d'après la valeur.			
Savon, blanc ou dur.	100 Lb.	»	9
Savon, vert.	1 last ou 12 tonnes.	»	36
—Parfumé, d'après la valeur.			
Sayé double.	2 pièces.	»	9

		DROITS. Sp.	Stuv.
Saye simple.	4 pièces.	»	5
Sayette (fil d'étame ou de).	5 Lb.	»	3
Seigle.	1 last ou 12 tonnes.	»	24
Seigle (pain ou biscuit de).	1 last, 12 tonnes ou 1200 Lb.	»	12
Seigle (farine de).	1 last, 12 tonnes ou 2400 Lb.	»	24
Sel de Lunebourg.	1 last ou 12 tonnes.	»	36
Sel d'Angleterre.—D'Espagne. — De France. — De Portugal.	1 last. ou 18 tonnes.	»	24
Serge.	4 pièces.	»	5
Serpillère	4 pièces.	»	3
Sirop de sucre ou mélasse.	1 pipe ou 1,200 Lb.	»	36
Soude.	1 schitt ou 2 tonnes.	»	6
Soufre. — Fleur de.	1 last ou 12 schitt.	1	»
Soie écrue ou organsin.	10 Lb.	»	3
Soie à coudre.	2 Lb.	»	5
— Doupion.	8 Lb.	»	15
— Filoselle.	2 Lb.	»	5
— (Ruban de) avec or et argent.	1. Lb.	»	5
Soies (autres). — Franges de. — Passementerie de.	2 Lb.	»	5
Soie (bas de).	2 paires.	»	5
— (étoffes de).	2 pièces.	»	9
Sparres ou esparres de chêne.	la pièce.	»	3
Sparres de sapin au-dessus de 36 pieds.	2 pièces.	»	3

* Jeunes sapins rouges, employés ordinairement pour gaffes de petits navires.

	DROITS. Sp.	Stuv.
Sparres de sapin de 36 pieds. 5 pièces.	»	2
Spares de sapin au-dessous de 36 pieds ou ordinaires. 1,000 pièc.	»	16
Sparres de sapin de Suède de 9 pouces et au-dessus. 2 pièces.	»	3
Sparres de sapin de Suède de 7 à 8 pouces. 5 pièces.	»	6
Sparres de sapin de Suède de 5 à 6 pouces. 1 schok.	»	24
Sparres de sapin de Suède au-dessous de 5 pouces ou ordinaires. 1,000 pièces.	»	16
S.		
Stokfisch. *V.* Poissons.		
Succin, ou ambre jaune, travaillé. 5 Lb.	»	6
— en petits morceaux, ou poussière de. 1 schitt.	»	9
Sucre brut.—en pains.— — cassonade. — raffiné. — pilé ou rapé. 100 Lb.	»	9
— candi. — Sucreries. 100 Lb.	»	18
Suif. — Chandelles de. 1 schitt.	»	6
Sumac. 400 Lb.	»	9
Surmout, ou mère-goutte. 1 barrique.	»	24
T.		
Tabac. 100 Lb.	»	9
— d'Ukraine ou de Russie. 1 schitt.		8
— en poudre. — côte de, d'après la valeur.		
Taffetas. 2 pièces.	»	9
Tafia. 1 barrique.	»	24
Tartre. 1 schitt.	»	6
Tatarille (blé noir). 1 last, ou 12 tonnes.	»	12
Taureaux. La tête.	»	36
Térébenthine. 1 schitt.	»	6
— Huile (de), d'après la valeur.		
Terramerita. 100 Lb.	»	12
Terre glaise. Franche (excepté la terre de pipe, qui paiera, d'après la valeur).		
Tête morte ou colcothar de Suède. 1 last, ou 12 tonnes.	1	»
— de Danzig. 1 schitt.	»	9
Tiretaine. 4 pièces.	»	5
Toiles.—double, large, canevas français, ou de Danzig.—Platilles royales. 4 pièces.	»	15
— de Flandre, ou flamandes de Hollande. — de Silésie. — de Brémen. — d'Angleterre. — de Westphalie. — de Hollande. — de Damas. 2 pièces.	»	5
— de coton ou indienne. 8 pièces.	»	15
— de lin. — d'Helsingland. — canavas simple. — de Poméranie, (excepté de Stettin). 2 pièces.		3
— de Stettin. 1 pièce.	»	1
—d'étoupe. — foderwav (sorte de toile d'étoupe). — de Cracovie ou Bolkram. — d'emballage, ou serpillère.—de chanvre. —de chanvre d'Helsingland. — ravendoc. — —flamandes de Russie. —à draps de chanvre.		

	DROITS. Sp.	Stuv.
Toiles à sacs, ou ordinaires. — crets (de chanvre). 4 pièces	»	3
— crets de Russie. 200 archines.	»	3
— carisel ou creseau. 100 aunes.	»	3
— d'étoupe noire. 8 pièces.	»	3
— d'Osnabrück commune. 1 pièce ou 100 aunes.	»	3
— de Cambrai, ou batiste fine. 4 pièces.	»	15
— de Cambrai, commune. — de coton. 8 pièces.	»	15
Tôle. 1 schitt.	»	6
Tripe de laine. 4 pièces.	»	5
V.		
Vaches. la tête.	»	36
— (Peaux de) salées. 1 dizaine.	»	6
— Peaux brutes ou sèches. 10 diz.	»	36
— ou cuir de Russie. 4 dizaines, ou 1 schitt.	»	36
Vadmel (étoffe de laine grossière). 4 pièces.	»	5
Veaux. la tête de.	»	24
— (Peaux de). 5 diz.	»	6
Velours fin. 1 pièce.	»	9
— demi. 2 pièces.	»	9
Vertet, ou vert de gris. 100 Lb.	»	9
Vergues, d'après la dimension comme mâts.		
Vermillon. 100 Lb.	»	36
Verre à vitre. 4 corbeilles ou caisses.	»	15
Vesces. 1 last, ou 12 tonnes.	»	12
Viandes salées. 1 last, 12 tonnes, ou 2,400 Lb.	»	36
Vif argent ou mercure. 25 Lb.	»	18

Vins.

Les droits sur les vins, lorsqu'ils sont chargés sur navires privilégiés, sont calculés à un trentième de la valeur, ainsi qu'il a été stipulé dans le traité avec les Pays-Bas, sous la date du 15 juin 1701.

SAVOIR :

	DROITS. Sp.	Stuv.
Vins de France, comme : —Chaillevette.—Charente.—Croisic. —La Flotte. — de La Rochelle. — Marennes — Saint-Martin. — Nantes. — Ponlégien. —de Seudres. 1 barrique.	»	18
— de Bordeaux. 5 barriques.	2	8
— de Bordeaux (lorsque la qualité n'est pas indiquée), mesurés au velt ou au gallon. 1 bar.	»	24
— de Bayonne (1 barrique évaluée à 40 veltes.) — Bourgogne. — Cahors. — Cette (1 last, ou 8 bar. à 30 veltes, ou 4,800 Lb. brut.) — Champagne. — Claret. — Dieppe. — hauts pays. — Hâvre. — Hermitage. — — Hières. 1 barrique.	»	24
— Marseille. — Muscat. — Picardan. — Provence. — Rouen. — — Sauterne. — Toulon. —Tous ceux de France, d'autres ports que les ports français. 1 barrique.	»	24
— d'Espagne et de		

	DROITS. Sp.	Stuv.
Portugal. — Alicante. — Barcelone. — Benicarlo. — Cadix. — Fayal. — Figuères. 1 barrique par navires de nations pirvilégiées.	»	36
— Lisbonne. — Malaga. — Montagne. — —Porto. — Salou. — — Sec de Malaga. — — Tarragoue.—Tinto de Rota. — Xerès. 1 barrique par navire de nations non privilégiées.	1	»
Vins d'Italie et quelques autres. — Cagliari. — Canaries. — Cap. — Constance.—Corse.— Ivica. — Livourne — Madère. — Malvoisie. —Marsala.— Messine. — Muscat ou Muscatelle. — Naples. — Palmesec.—PedroXimenès.— Syracuse. — Téneriffe. —Verdona. —Zante. 1 barrique.	1	»
Vins de Moselle. — Nekar. — Rhin.—Tokay ou de Hongrie. 5 ahmes.	4	
— en bouteilles, en paniers, ou caisses par navires privilégiés. 100 bouteilles.	»	24
— par navires non privilégiés. 100 bouteilles. »	»	30
— (Esprit de). 1 barrique.	»	24
Vinaigre de vin. 1 barrique.		12
— de bierre. — de cidre. 2 barriques.	»	9
Vitriol ou couperose. 1 schitt.	»	6
— (Huile de), d'après la valeur.		
Z.		
Zinc de la Baltique. 100 Lb.	»	3
—de la mer du Nord. 100 Lb.	»	8

www.ingramcontent.com/pod-product-compliance
Ingram Content Group UK Ltd.
Pitfield, Milton Keynes, MK11 3LW, UK
UKHW012114240726
13965UKWH00004B/1758